rote taschenbücher • band 4

verlag
wiljo
heinen

Prof. Dr. Horst Schneider

wurde am 25. Oktober 1927 als Sohn eines Glasmachers in Penzig, Kreis Görlitz, geboren. Seine Kindheit und Schulzeit verbrachte er in Görlitz.

Ab September 1943 war er Luftwaffenhelfer in Berlin, von Dezember 1944 bis zur Kriegsgefangenschaft im April 1945 war er Soldat.

Nach seiner Heimkehr im Dezember 1945 wurde er Neulehrer, Lehrer, Direktor einer Schule in Niesky. Von 1955 bis 1990 arbeitete er am Pädagogischen Institut (von 1967 an Pädagogische Hochschule Dresden), von 1980 bis 1990 als Professor für allgemeine Geschichte der neuesten Zeit.

Von 1964 bis 1990 war er Mitglied des Präsidiums der Liga für die Vereinten Nationen in der DDR, von 1990 bis 1994 Alterspräsident der Dresdner Stadtverordnetenversammlung. Bis 1997 gehörte er dem Ältestenrat beim Vorsitzenden der PDS an.

Seit 1990 beteiligt sich Horst Schneider am Streit über ein Geschichtsbild über die DDR.

Im Verlag Wiljo Heinen erschien von ihm »Hysterische Historiker. Vom Sinn und Unsinn eines verordneten Geschichtsbildes«, eine Streitschrift wider bestimmte Totalitarismusforscher, DDRologen und Renegaten.

Horst Schneider

GRUSELSTORY CHECKPOINT CHARLIE

»Die Frau vom Checkpoint Charlie« –
Leidvolle Wahrheit oder Lügengeschichte?

2008 • Verlag Wiljo Heinen, Böklund

Ich danke allen, die mich ermutigt haben, diese Arbeit zu schreiben und mich durch Hinweise und kritische Vorschläge unterstützten.

Besonderer Dank gilt Christian Gallus, der mir sein Herz öffnete und Dokumente und Fotos aus seinem Besitz zur Verfügung stellte.

Horst Schneider

Vorweg:
Deutschland, einig Mutterland?

Der Film »Die Frau vom Checkpoint Charlie« reiht sich ein in eine Liste ähnlicher Streifen, er ist Teil der »Erinnerungsschlacht« um das Bild der DDR. Die Wirkung des Films und der dazu gehörigen konzertierten Medienkampagne darf nicht unterschätzt werden, vor allem nicht bei Menschen, die die DDR nur aus ferner Kindheitserinnerung oder vom Hörensagen kennen.

Immerhin sahen sich beim »Stasi«-Melodram »Das Leben der Anderen« die »Filmemacher« noch zur Anmerkung genötigt, dass »es solch einen Fall in der DDR nie gegeben hat«. Aber dennoch glaubten viele Zuschauer, vor allem im Westen Deutschlands, in dieser raffiniert gemachten Schmonzette eine »tiefere Wahrheit« zu entdecken.

Die Kampagne um die »Heldin vom Grenzübergang« verlässt sich nicht mehr allein auf die »tiefe deutsche Seele«, die in jeder anrührenden Familienszenerie noch ein Stück echter Wirklichkeit erkennen will. Die Macher berufen sich auf die »Dramatisierung« der wahren Geschichte der Jutta Gallus. In einer Werbeschrift des MDR heißt es, unter der Überschrift »Wahrheit und Fiktion«: »... Jutta Gallus hat es wirklich gegeben. Ebenso den unerbittlichen Kampf um ihre Kinder. ...« Dies stimmt. »Einiges an der Geschichte jedoch musste ›dramatisiert‹ werden ...«[1] Das allerdings scheint, bei Licht betrachtet, eine wohlwollende Umschreibung für »frei erfunden und erlogen« zu sein.

Auffällig ist, dass im Film der leibliche Vater der Kinder überhaupt nicht auftaucht. Es ist, als habe es ihn nie gegeben. Und auch in der zum Medienrummel gehörenden »Dokumentation« wird er nur nebensächlich erwähnt. Bisher hatte sich Christian Gallus aus dem Medienspektakel heraushalten wollen. Vermutlich ist auch manches der »Dramatisierung« geschuldet. »Zwangsadoption und fiese Stasi-Machenschaften« verkaufen sich besser, als die Realität, in der der Vater um das Erziehungsrecht für die Kinder stritt und es zugesprochen bekam – da die Mutter ihre Haftstrafe absaß, um »freigekauft« zu werden.

»Nebenbei« wird mit dem Film auf diese Weise auch noch cin Familienbild transportiert, das reichlich verstaubten Leitbildern entnommen ist. »Gebt MIR MEINE Kinder zurück!« schreit es von den Plakaten. Kinder gehören zur Mutter, soll es wohl suggerieren, mehr noch: die Kinder *gehören* der Mutter, sind Kraft Geburt ihr Eigentum. (Die größte der »westlichen Freiheiten« ist bekanntlich die Verfügungsgewalt über Eigentum.) Das Verhalten der Jutta Gallus weckt in mir das ungute Gefühl, dass sie ihre Töchter möglicherweise genauso sieht und zu bestimmten Zeiten als Mittel zur Erreichung ihrer Ziele und Zwecke betrachtet, die sie als ihre »wahre Freiheit« versteht. *»Die ›Stasi‹ missbrauchte die Kinder«* ist die »Message« des Films und der zugrunde liegenden Romane. Doktorarbeiten der Psychologie könnten die Ursachen von Handlungsmustern einer Frau wie Jutta Fleck, ehemals Gallus, zu Tage fördern.

An dieser Stelle ist dem leiblichen Vater der Kinder, Christian Gallus, zu danken. Er stand Horst Schneider Rede und Antwort, half Licht in die vielleicht absichtlich im Dunkel gelassene Familiengeschichte zu bringen. Jahrelang hat der Vater, aus Rücksicht auf seine Töchter, vermieden, seinen »Fall« an die Öffentlichkeit zu bringen. Nach der Film-Kampagne wandte er sich an den MDR mit der Bitte, zumindest einige Dinge richtig zu stellen. Diese Bitte wurde ihm verwehrt.

Die Kindheit der Töchter in der DDR verlief durchaus nicht so trist und unterdrückt, wie die »Mutter-Kind-Kampagne« glauben machen will. Zahlreiche schriftliche Zeugnisse könnten das belegen. Die Briefe der Kinder an den Vater – übrigens auch die aus »dem freien Westen«, ohne »Unterdrückungsapparat« – lassen so gar nicht auf ein gebrochenes Verhältnis zu ihrem Vater schließen.

Neben der psychischen Belastung einer zerissenen Familie hatten die Gallus-Kinder auch den Druck zu ertragen, der auf ihnen lastete, weil sie als Mittel im Propaganda-Kampf immer wieder in die Öffentlichkeit gezerrt wurden. Jutta Gallus ließ sich von verschiedenen Organisationen beraten und forderte ihre Kinder immer wieder als »Eigentum« ein. Entwicklungspsychologen könnten Auskunft geben, wie sich solcher Dauer-Stress auf die Entwicklung einer Persönlichkeit auswirkt.

»Gebt MIR MEINE Kinder zurück!« – Der Weg der »Frau vom Checkpoint Charlie« von einer »Computerexpertin« (in der DDR) zur »Medienberaterin« (in der BRD) ist mit großen und kleinen Lügengeschichten gepflastert. Er beginnt mit einer Lebenslüge, und die »Freiheit«, die sie meint, fängt mit der scheinheiligen Zurschaustellung eines Besitzanspruchs an ihre Kinder an.

Wiljo Heinen

»Eines Mannes Rede ist keine Rede, du musst hören alle beede.« (Eike von Repkow im Sachsenspiegel, ältestes deutsches Rechtsbuch im 13. Jahrhundert)

»Geschichte, Katastrophen und Liebe sind unschlagbar
Viele Fernsehmacher bekennen sich zu dieser Kombination aus Fiktion und Dokumentation. Sie wollen an Ereignisse wie Krieg, NS-Zeit oder Mauerbau erinnern und sie einem möglichst großen Publikum nahe bringen. Dichtung und Wahrheit klaffen dabei oft weit auseinander. Besonders krass war das beim Zweiteiler ›Die Frau vom Checkpoint Charlie‹ zu erleben. Zwischen Realität und Verfilmung lagen Welten. Gerade im Massenmedium Fernsehen darf die Geschichte nicht zur Geschichtsklitterung verkommen.« (Rainer Kasselt über die zunehmende Sentimentalisierung der Historie im TV in der »Sächsischen Zeitung« vom 5. 3. 2008)

»Die verlogenste Kaste, die es überhaupt gibt, sind die Politiker“ (Prinz Ferfried von Hohenzollern in »Disy«, Dresden, Winter 2007, S.35)
[Könnte sie das ohne Schützenhilfe der Medienmacher sein? H.Sch.]

1 »Die Frau vom Checkpoint Charlie« Romane und Film – Zufallsprodukte oder »staatlich verordnete« geplante Schlacht im »Erinnerungskrieg«?

»An ihren Früchten sollt ihr sie erkennen« (Matth. 7.16)

Ostern 2008 durften Millionen Deutsche im Fernsehen außer der Auferstehung des Herrn auch die Wiederholung des Fernsehfilms »Die Frau vom Checkpoint Charlie« erleben.

Angesichts des »Erfolges« für die politisch Verantwortlichen bei der ersten Ausstrahlung des Filmes und dessen politischer »Mission« war das nicht überraschend.

Schon ein halbes Jahr vorher, Ende September 2007 wurde in Fernsehvorschauen und Zeitungen auf viel Platz und mit großem Aufwand unter Lesern und Hörern dafür getrommelt, den Fernsehfilm »Die

Frau vom Checkpoint Charlie« und die entsprechende Dokumentation über das Schicksal der Jutta Gallus (jetzt Fleck) nicht zu verpassen. Der MDR machte in seiner Monatszeitung »mittendrin«[1], die kostenlos verteilt wird, auf den Film aufmerksam. Auf dem Titel prangte das Foto von Veronica Ferres mit dem Text: »Gebt mir meine Kinder zurück!«

Der Fernsehfilm wurde im Programm der ARD am 30. September und 1. Oktober 2007 gesendet. Die Einschaltquote – 9 bis 10 Millionen Zuschauer – soll enorm gewesen sein, das Medienecho war es auch. BILD (Dresden) vom 13. September 2007 titelte »Mutter-Drama rührte zu Tränen«, wozu die schauspielerische Leistung der Veronica Ferres besonders beigetragen habe:

»Blitzlichtgewitter, schreiende Fotografen:
Die Ferres kommt!
Gestern Abend Premiere des großen ARD-Zweiteilers
›Die Frau vom Checkpoint Charlie‹

Riesen Star-Rummel und mittendrin – **Veronica Ferres** (42). Sie strahlt, ist soo sexy im Kleinen Schwarzen. Es ist IHR Abend! ›Die Frau vom Checkpoint Charlie‹ ist einer der größten Filme ihrer Karriere. Ehrengast Ex-Außenminister **Hans-Dietrich Genscher** (80): ›Ein bewegender Film.‹«

Ähnlicher Aufwand und ähnliches Lob landauf, landab.

Die Story des Films lässt sich in wenigen Sätzen abhandeln: Eine DDR-Bürgerin, die des dortigen Alltags überdrüssig ist, will nach ihrer Scheidung mit ihren beiden Töchtern in die »Freiheit« der BRD. Eine illegale Ausreise über Rumänien/Jugoslawien misslingt. Sie wird nach den Gesetzen der DDR bestraft, lässt ihre Kinder im Stich und versucht, nach ihrem »Freikauf« mit spektakulären Aktionen auf ihr (selbst verschuldetes) Schicksal aufmerksam zu machen.

Der immense Aufwand in der »Vermarktung« und der »Dramatisierung« dieses Stoffes zwingt zur Frage: Wer hält

bensmitteln protestieren. | Getreide – vor allem bei Weizen – begründet. | … schnappte er sich Fernseher, Kamera | kam zwei Wochen später mit der Telefonrechnung...

BEWEGENDE FILMPREMIERE IN BERLIN

VERONICA FERRES *Mutter-Drama rührte zu Tränen*

Von ANNETTE PAWLU

Berlin. Blitzlichtgewitter, schreiende Fotografen: Die Ferres kommt!

Gestern Abend Premiere des großen ARD-Zweiteilers „Die Frau vom Checkpoint Charlie". Riesen Star-Rummel und mittendrin – **Veronica Ferres** (42). Sie strahlt, ist soo sexy im Kleinen Schwarzen.

Es ist IHR Abend! „Die Frau vom Checkpoint Charlie" ist einer der größten Filme ihrer Karriere. Ehrengast Ex-Außenminister **Hans-Dietrich Genscher** (80): „Ein bewegender Film". Der Politiker traf bei der Feier auch **Jutta Gallus** (58), deren Geschichte die Vorlage für das TV-Drama ist. Viele Zuschauer griffen sogar zum Taschentuch.

Vor der Premiere sagte Veronica Ferres auf dem roten Teppich: „Die Szenen waren sehr emotional. Die Rolle hat mich sehr eingenommen."

Ihr Rezept, um wieder auf die Beine zu kommen: „Rein in den Alltag. Essen kochen! Normale Sachen machen."

Was ihr noch gut tut: Die Liebe! Ehemann **Martin Krug** (50) war gestern natürlich an ihrer Seite.

Veronica Feres mit Jutta Gallus (58), deren Rolle sie in dem Film spielt

„DIE FRAU VOM CHECKPOINT CHARLIE" Darum geht's im Film

Dresden 1982. Die zweifache Mutter Jutta Gallus (**Veronica Ferres**) wird nach einem Fluchtversuch von den DDR-Behörden inhaftiert. Ihre beiden Töchter kommen ins Heim und werden zur Adoption frei gegeben. Als die Mutter vom Westen frei gekauft wird, beginnt sie den erbitterten Kampf um ihre Kinder. Bei Wind und Wetter steht sie mit einem Plakat am Checkpoint Charlie. Drauf steht: „Gebt mir meine Kinder zurück". Der grosse Zweiteiler wird 30. September und am 1. Oktober jeweils um 20.15 Uhr in der ARD gezeigt.

Schauspielerin mit kurzen Haaren in der Zelle – eine der bewegendsten Szenen des Films

Veronica Ferres mit Protestschild auf englisch: „Meine Kinder werden in der DDR gefangen gehalten"

Ex-Außenminister Hans-Dietrich Genscher (80) kam extra zur Premiere

Schauspielerin Anne-Sophie Briest (33)

BILD Dresden, 18. September 2007

aus welchen Gründen das Schicksal der Jutta Gallus für so bedeutsam, dass es in Büchern[2], Filmen, Dokumentationen und Artikeln Millionen Menschen zu Tränen rühren soll?

Ich gebe zu, dass ich andere Mütter kennen lernte, deren Schicksale Millionen Menschen Vorbild sein könnten.

Nach 1945 hatte ich in der Schule, die ich leitete, vier »Pietschmann«-Kinder. Die Mutter hatte ihren Mann im Krieg verloren. Sie ging (damals 48 Stunden) in die Ziegelei arbeiten. Bei Bauern half sie, um den Kindern ein Stück Brot oder ein Ei zu verschaffen. Und es waren prachtvolle Schüler. Die Tochter (Brigitte) traf ich später als Lehrerstudentin wieder.

Als ich nach 1955 an der Pädagogischen Hochschule Dresden arbeitete, war mein Partner am Pädagogischen Institut »Karl Marx« in Smolensk Professor Iwan Iwanowitsch Korolkow, Held der Sowjetunion. Seine Mutter hatte fünf Söhne groß gezogen, von denen vier im Großen Vaterländischen Krieg ihr Leben lassen mussten – im Krieg gegen Deutschland. Sie billigte, dass ihr einziger überlebender Sohn mit mir, dem Deutschen, zusammenarbeitete.

Das sind Beispiele von Frauenschicksalen, für die es keine Öffentlichkeit gibt. Warum ist das im Falle der Jutta Gallus (jetzt Fleck) völlig anders? Vielleicht kann ein Blick auf die »Erinnerungsschlacht« um das Geschichtsbild der DDR zu (Teil-)Antworten verhelfen:

Prof. Dr. Martin Sabrow, der die staatliche Kommission zur Aufarbeitung der Geschichte der DDR leitet, schrieb in einem Gutachten vom 7. November 2007: [Das Dokument zur Erinnerungspolitik] »konzentriert sich darauf, ein Diktaturgedächtnis zu stärken, das die DDR als Leben ›hinter Mauer und Stacheldraht unter Unfreiheit, Repression und Anpassungsdruck‹ in Erinnerung hält ... Die Fokussierung der öffentlichen Erinnerung auf den SED-Staat als Unrechtssystem kommt einer vorherrschenden Sicht in den alten Bundesländern entgegen, nährt aber zugleich in großen Teil der ostdeutschen Bevölkerung Misstrauen und Abwehr gegen das öffentlich dominante DDR-Bild, wie jüngst die deutliche Ost-West-Spaltung in der Rezeption des Fernsehfilms ›Die Frau vom Checkpoint Charlie‹ zeigte.«[3]

Ich wiederhole das Urteil Prof. Dr. Martin Sabrows: Die Rezeption des Fernsehfilms »Die Frau vom Checkpoint Charlie« bewies eine »deutliche Ost-West-Spaltung«. Der Film entsprach dem im Westen vorherrschenden Klischee über die DDR, im Osten stieß der Film auf Ablehnung. Aber wie kommt das? Kann es sein, dass Westdeutsche besser über das Leben in der DDR Bescheid wissen, als diejenigen, die jahrzehntelang dort gelebt haben? Und wieso glauben sie das so beharrlich? (Ich war in den ersten Märztagen 2008 in Hamburg und könnte erheiternde Geschichten über das DDR-Bild mancher Hamburger erzählen, die nie in der DDR waren. Aber woher haben sie das?)

Als ein persönlich betroffener Dresdner Kritik am Programm »mittendrin« übte, antwortete ihm unter dem Datum vom 21.9.2007 Mario Heckel von der juristischen Direktion des MDR, dass sich die Mitarbeiter auch des »fiktionalen Films« an die »geltende Rechts- und Gesetzeslage« halten. Zweifellos: Die Verleumdung und Verfälschung der Politik und Geschichte der DDR entspricht der »geltenden Rechts- und Gesetzeslage«.

Die Eppelmänner, Gauckianer und Birthlers handeln in staatlichem Auftrag. Aber was ist Ziel der Verleumdung? Worin bestehen die Wirkungen?

Am 6./7. März 2008 fand eine Kultusministerkonferenz statt. Aus diesem Anlass äußerten sich die Bundestagsabgeordneten der CDU/CSU-Fraktion Ilse Aigner und Marcus Weinberg über die geringen Kenntnisse deutscher Schüler über die DDR. Aber welche Kenntnisse wünschen sie? Laut Pressemitteilung »gehören Kenntnisse über den Aufstand am 17. Juni 1953, über den Mauerbau, den Schießbefehl, die Stasi, Hohenschönhausen und Bautzen zur Mindestbildung«.[4]

Wenn das der Bildungsmaßstab ist, den Politiker vorgeben, darf gefolgert werden: Der Film und die Texte zur »Frau vom Checkpoint Charlie« entsprechen diesen – ich bin geneigt einzufügen: niedrigen, primitiven – Ansprüchen. Haben wir hier schon die Antwort auf die Frage, warum dieser Film zum »Kultfilm« hoch geschaukelt wurde?

Arme Enkel der DDR-Bürger, die auf diese Weise und in diesem Stil über die Biographien ihrer Großeltern erfahren, die sich in ihrer großen Mehrzahl ehrlich mühten, einen Staat des Friedens und der sozialen Gerechtigkeit auf deutschem Boden aufzubauen, eine Saat, die nun von bezahlten Dummköpfen niedergetrampelt werden soll.

Aber Ziel und Absicht sind noch nicht die Methode. »Die Frau vom Checkpoint Charlie« zeigt beispielhaft, wie Teilwahrheiten mit Lügen gemischt, wie Einzelschicksale und zufällige Begebenheiten zum Wesentlichen hochstilisiert werden. Wir wollen das an Beispielen untersuchen, wobei der Leser kritisch selbst prüfen sollte, was stimmen könnte oder nicht. Vorsichtshalber hat ja die Buchautorin Ines Veith selbst angemerkt, dass »in wenigen Ausnahmefällen Schauplätze verändert und die Handlung romanhaft ergänzt«[5] wurde.

Diese Bemerkung dürfte jedoch kaum rechtfertigen, dass schon in den zwölf Zeilen »So fing alles an...«[6] mindestens fünf Unwahrheiten enthalten sind:

1. *»Ich hatte mich gerade scheiden lassen ...«*

   Nicht Jutta Gallus hatte sich scheiden lassen, sondern nach vierzehn Jahren Ehe – laut Gerichtsurteil – Christian Gallus von ihr.

2. *»... mein zwölfter Ausreiseantrag [war] abgelehnt worden.«*

   Bis zur Scheidung gab es nicht 12 Ausreiseanträge – sondern gar keinen.

3. *»Ich ... wollte endlich ... in den Westen. Zumal mein Vater schon seit 30 Jahren in der Nähe von Aachen lebte.«*

   Allerdings gab es zu ihrem Vater seit ihrem 15. Lebensjahr keinen Kontakt.

4. *»Meinen Job als Informatikerin hatte man mir ohnehin weggenommen.«*
Ihr »Job als Informatikerin« ist ihr nicht weggenommen worden (was in der DDR kaum möglich war), sondern sie hat ihre Tätigkeit auf eigenen Wunsch beendet.
5. *»Ich hatte es satt, wegen meines Ausreisewunsches ständig ... den Schikanen des Staates ausgesetzt zu sein«*
Sie war bis dahin keinen Schikanen des Staates ausgesetzt. Ihre versuchte und gescheiterte Republikflucht war ihre freie Entscheidung.

Wir kommen auf die Buchtexte zurück.

Im Film gibt es eine bemerkenswerte Episode. In Rumänien versucht Jutta Gallus zu neuen Papieren zu kommen, auf denen Hannover, nicht Dresden (im Film: »Erfurt«), als Heimatort angegeben werden sollte. Der Zweck dieser Lüge muss hier nicht erläutert werden. Eine Tochter sagt: »Man darf nicht lügen.« Aber die Mutter will die Töchter nicht nur zum Lügen zwingen, sondern begeht das, was auch in der BRD Urkundenfälschung ist, also ein kriminelles Delikt.[7]

Wenn so epochale Ereignisse stattfinden wie die Aufführung von »Die Frau vom Checkpoint Charlie«, kann sich auch »Der Spiegel« nicht zurückhalten. Nikolaus von Festenberg war fasziniert von »Zwei Fernsehhighlights über die untergehende DDR«[8], weil sie – wie versichert wird –, die »deutsche Einheit aus der Frauenperspektive« erzählen. »Prager Botschaft« mit Kim Sarnau in der Hauptrolle wurde am 23. August in RTL gesendet, der Zweiteiler über »Die Frau vom Checkpoint Charlie«, verkörpert von Veronica Ferres, war ab 28. September bei ARD und Arte im Programm. Das Medienecho darf analysiert werden. Es wirkte wie bestellt, das Streben der »Kritiker« nach den Brotkörben mag eine Erklärung dafür liefern. Über das wie so oft (vgl. »Schießbefehl«) vorzügliche Timing muss hier nicht gesprochen werden, höchstens darüber, dass der Kulturstaatsminister entzückt gewesen sein muss.

Bernd Naumann hatte am 17. September 2007 vor dem Bundestag erklärt: »Die Aufarbeitung der SED-Diktatur wollen wir verstärken und verbessern. Es ist nach wie vor unsere Aufgabe, an das Unrecht der SED-Diktatur zu erinnern und so das Gedenken an die Opfer des Kommunismus in Deutschland zu bewahren.«[9]

Joachim Gauck hatte schon vor Jahr und Tag – auch im »Spiegel« – gefordert, sich dem Alltag der DDR zuzuwenden, damit die Jugend nicht der »Ostalgie« der Mehrheit folge. Die beiden Filme und ihre Hauptdarstellerinnen erfüllten also sozusagen eine »vaterländische Pflicht«, und Tränen von Müttern können dabei nicht schaden. Nikolaus von Festenberg will es durchaus nicht als Ironie verstanden wissen, wenn er schrieb:

»Die Wiedervereinigung war, jawohl, ein Segen. Niedergang und Ende der DDR haben auch das stets einfallsklamme Fernsehen mit den Rohstoffen versorgt, die ordentliche Bildschirmstücke brauchen: Tränen, Helden, klare Fronten.

Es war eine einmalige Chance, die sich von 1990 an für die TV-Dramaturgie ergab. Hier der verrottende Arbeiter-und-Bauern-staat, dort die unterdrückten Menschen. Die Bösen standen fest. Die TV-Macher brauchten nur noch zuzugreifen. Die Historie schrieb gleichsam die Stücke selbst.

Es entwickelte sich, gern um den 3. Oktober herum, eine Art Wettstreit der Fernsehmacher zum Zwecke nationaler Erbauung, lauter meist hochmoralische Stücke von der Courage des Einzelnen und der Dummheit des todgeweihten Leviathans DDR.«

Um nur einen Irrtum zu korrigieren: ***Die** Geschichte* schreibt solche Stücke nicht. Geschichte wird von Menschen gemacht. Und auch das Geschichts*bild* wird von Menschen geschrieben, von Politikern diktiert und verändert.

Die Frau vom Checkpoint Charlie soll ein historisches Vorbild haben, den »authentischen Fall« der Jutta Gallus. Sie war schon vor 1989 aus nahe liegenden Gründen ein Lieblingskind westlicher Medien, die »Dissidenten« brauchten. War der frühere Ehemann ähnlicher Meinung? Ihre Umgebung? Bei den genannten Filmen, in denen DDR-Frauen zu »Heldinnen« avancieren, stehen nicht typische Bürgerinnen und Mütter in der DDR im Mittelpunkt, die es zu Millionen gab, sondern einige extrem seltene Beispiele. Objektiv haben sie dazu beigetragen, die Erfolge der DDR auf dem Weg zur Gleichberechtigung der Frau 1990 abzubrechen. Von Festenberg fragt am Ende seines Artikels, wer mit den Filmen gewonnen habe, »Sarnau oder Ferres? Die Privaten oder die Öffentlich-Rechtlichen?«. Seine Antwort lautet: »Die es am meisten verdienen: Die Zuschauer.« Ist sich von Festenberg da sicher? »Gewonnen« haben manche: Die Organisatoren des »Diktaturenvergleichs«, die Schauspieler, die einer Ordensflut entgegensehen wie Ulrich Mühe, mancher »Gewinn« ist nicht messbar. Aber ich kenne Zuschauer, die sich verhöhnt, veräppelt und verdummt fühlen. Viele Ostdeutsche kennen Erich Kästners:

Nie dürft ihr so weit sinken, den Kakao, durch den man euch zieht, auch noch zu trinken.

Die Rezeption des Fernsehfilms war, wie Prof. Sabrow feststellte, in Ost und West gespalten. Wieso glauben die Westdeutschen so beharrlich, dass sie besser über die DDR Bescheid wüssten, als frühere DDR-Bürger? Könnten die meinungsprägenden Medien einen Anteil daran haben?

Sicher ist: Die Götter haben nicht so gewichtet, dass sie alle Heiligen im Westen, alle Bösewichter im Osten angesiedelt haben. Oder anders: Die DDR-Bürger haben 1989/90 nicht die Hölle mit dem Paradies vertauscht.

2 Jutta Gallus fährt in die Freiheit und findet ihre Gönner

»Du sollst dem Ochsen, der da drischt, nicht das Maul verbinden« (5. Mose 25.4)

Der Film, die Bücher Ines Veiths und viele Artikel stellen das Schicksal der Jutta Gallus in den Mittelpunkt. Der Versuch der Republikflucht und sein Scheitern machten Jutta Gallus noch nicht zum Medienstar des Westens. Aber 1984, als »die Entlassung in den Westen« erfolgte[1], entstand eine neue Situation nicht nur im Leben der Jutta Gallus. Sie hoffte: »Wenn ich erst im Westen war, hatte ich genug Möglichkeiten, mich für die Kinder einzusetzen. Aber jetzt wieder zurück nach Dresden, sich nach dieser langen Zeit beugen, das war unmöglich.«[2]

Im »Focus« 39/2007 ist ein Interview zu finden, das Stefan Ruzas mit Jutta Fleck (Gallus) und Veronica Ferres führte. »War ihre Flucht eine Verzweiflungstat oder schlicht Abenteuerlust? Weder das eine noch das andere. Ich wollte in Freiheit, in einer Demokratie leben, nicht in einer Diktatur.«

„Familientrennung wurde in der DDR eingesetzt, um Menschen zu brechen"
Veronica Ferres

INTERVIEW „Da wirst du liquidiert!"

Focus: Frau Fleck, 1982 wollten Sie mit Ihren beiden Töchtern aus der damaligen DDR fliehen. Bei der Flucht wurden Sie festgenommen. Sie saßen zwei Jahre im Gefängnis, wurden freigekauft und haben jahrelang mit spektakulären Aktionen versucht, an Ihre Kinder zu kommen. Sind Sie eine Heldin?

Jutta Fleck: Ich? Heldin? Auf keinen Fall! Ich habe einfach um meine Kinder gekämpft.

Focus: War Ihre Flucht eine Verzweiflungstat oder schlicht Abenteuerlust?

Fleck: Weder das eine noch das andere. Ich wollte in Freiheit, in einer Demo- ... leben, nicht ... Diktat...

Die Spielerin

Ferres gilt als Garantin für den Erfolg von Event-Filmen.

- **Die 42-Jährige** war bislang u.a. in Filmen wie „Schtonk!", „Das Su-...

FOCUS 39/2007

Der »Focus« stellte in dem Interview mit Fleck (Gallus) und Ferres fest, dass es im Hinblick auf das »Rollenvorbild« zwei Lager gibt: »Das eine bewundert Flecks Tat, das andere findet sie wegen der Kinder verantwortungslos.«

Ferres rechtfertigte das Verhalten der Gallus, weil ein Mensch mit einem »intelligenteren Anspruch ans Leben ... fast keine andere Wahl hat.« Das war's: Der »intelligentere Anspruch ans Leben.«[3]

Da wiederholt - auch von Veronica Ferres - das Bild gebraucht wurde, die Mutter habe »wie eine Löwin« um ihre Kinder gekämpft, muss hier sachlich festgestellt werden: Eine Löwin verlässt ihre Jungen nicht. Jutta Gallus hat ihre Kinder verlassen. Der Wille, schnell in die »Freiheit« zu kommen, war stärker. Hier wird keine Definition des Begriffes Freiheit versucht. Üblicherweise wird davon ausgegangen, dass die eigene Freiheit dort endet, wo die Freiheit anderer betroffen wird. Wenn Freiheit, wie seit Hegel üblich, auch »Einsicht in die Notwendigkeit« ist, würde für die achtziger Jahre gelten müssen: Die oberste Notwendigkeit war, Deutschland aus dem drohenden atomaren Krieg herauszuhalten, also die Entspannungspolitik zu fördern. Die Brandt, Bahr, Strauß, Kohl wussten das sehr wohl. Jutta Gallus scheint das nicht geahnt zu haben. Jedenfalls hat sie sich mit entspannungsfeindlichen Kräften verbunden und zum Werkzeug der DDR-feindlichen Politik machen lassen. Auf diesem Weg waren ihre Kinder nicht schnell zu »befreien«. Das wusste sie. Als Jutta Gallus in der »Freiheit« angekommen war, musste sie vermutlich nicht viel tun, um bemerkenswerte Hilfe und Helfer zu finden, darunter die »Internationale Gesellschaft für Menschenrechte« (IGFM) und »Hilferufe von drüben«.[4]

Die Organisation mit dem wohlklingenden Namen »**Internationale Gesellschaft für Menschenrechte IGFM**« hat scheinbar unbegrenzte finanzielle Ressourcen. Die Führer der IGFM mit Sitz in Frankfurt/Main sind hinlänglich bekannt. Klaus Eichner, Kenner der Materie, fasste seine Einschätzung in einem 2006 erschienenen Beitrag zusammen[5]: »Die IGFM wurde 1972, damals noch unter der Bezeichnung ›Gesellschaft für Menschenrechte‹, in Frankfurt/Main gegründet. Initiatoren und langjährige Vorstandsmitglieder waren zum Beispiel die Funktionäre und Agentenführer der weißrussischen

Emigrantenorganisation NTS (›Narodno Trudowoj Sojus‹ – Volksarbeitsbund):

Agrusow, Iwan Iwanowitsch, geschäftsführender Vorsitzender; verantwortlich für Gräueltaten als Polizist der Hitlergendarmerie im Rayon Pskow/UdSSR, NTS-Funktionär in der BRD und Westberlin, zugleich Agentenführer des britischen Geheimdienstes SIS, Ausbilder in der CIA-Diversantenschule Bad Wiessee, nach einer Spezialausbildung von 1961-1968 in den USA Rückkehr in die BRD.

... «

Agrusow ist heute Ehrenvorsitzender der IGFM.[6]

Weiter berichtet Eichner:

»Die GFM/IGFM unterhält von Anfang an intensive Kontakte zu rechtsradikalen und neofaschistischen Organisationen und Verbänden sowie zu terroristischen Gruppierungen wie die türkische Gruppe ›Graue Wölfe‹. Sie identifizierte sich in zahlreichen Erklärungen mit Diktatoren, wie Pinochet in Chile, dem Apartheid-Regime in Südafrika, mit Terrorgruppen wie den Contras in Nikaragua oder den Mudjahedin in Afghanistan der 80er Jahre.

Den Arbeitsausschuss ›Bürgerrechtsbewegung und politische Gefangene in der DDR‹ leiteten über Jahre hinweg die als Agenten des amerikanischen Geheimdienstes in der DDR rechtskräftig verurteilten Erhard Göhl und Dr. Wulf Rothenbächer. Nach ihrer vorzeitigen Entlassung aus der Haft und Übersiedlung in die BRD verdingten sich beide als V-Leute des Verfassungsschutzes. Ihr damaliger Führungsoffizier, Regierungsdirektor Werner Hoch, leitete das Referat III B4 (›Westarbeit der SED‹) des Bundesamtes in Köln.«

Klaus Eichner trifft die Einschätzung: »Eine Organisation mit derart belasteten Gründern und Funktionären kann unmöglich eine objektive Position zur Einhaltung und Durchsetzung von Menschenrechten und demokratischer Standards nach den internationalen Konventionen über Bürger- und Menschenrechte einnehmen. Ihr Agieren ist bestimmt von ihren antikommunistischen Positionen und nicht zuletzt von den Auftraggebern in den Zentralen der Geheimdienste.«

Wie in der Internet-Enzyklopädie »Wikipedia« am 2.4.2008 nachzulesen war, gründete sich der Verein »**Hilferufe von drüben**« 1978, nachdem der gleichnamige Bestandteil der Sendereihe »ZDF-Magazin« abgesetzt wurde, um dessen Tätigkeit fortzusetzen. Der Verein gab die Quartalszeitschrift »Hilferufe von drüben. Zeitung für die Opfer der kommunistischen Diktatur in der DDR« heraus, die von Claus Peter Clausen redigiert wurde. Langjähriger Vorsitzender des Vereins war Gerhard Löwenthal, ihm folgte C. P. Clausen nach.

Wer hat die Aktivitäten der Jutta Gallus gewollt, organisiert und finanziert? Die Namen der »Gönner«, bei denen sie sich bedankt, geben eine Teilantwort.

Namentlich nennen Gallus/Veith Erhard Göhl und die »interessanten Medienleute« Helmut Kamphausen und Claus Peter Clausen, »die mich alle großartig und warmherzig unterstützten«. Und erst Gerhard Löwenthal: »Ich werde dein Schicksal im ZDF-Magazin publik machen.«[7] Gerhard Löwenthal war Undercover-Agent und mit diverser Geheimdienstarbeit beschäftigt.[8]

Auch Dr. Rainer Hildebrandt wird im Buch »von Herzen« gedankt.[9] Dieser war lange Zeit Chef der »Kampfgruppe gegen Unmenschlichkeit« (KgU), die zahllose Verbrechen gegen die DDR, darunter die Terroranschläge Johann Burianeks, zu verantworten hat.[10] Die Frau Hildebrandts betrieb die Rehabilitierung des Terroristen. Gar zu gern wüsste ich, was die bundesdeutsche Polizei, Justiz und Politik tun würden, wenn jemand die Verbrechen Burianeks auf dem Boden der BRD wiederholen würde.

Ob Jutta Gallus nicht im Geringsten ahnte, welchen Platz in welchem Spiel sie einnehmen sollte? Darf sie Ahnungslosigkeit für sich beanspruchen? Dem widerspricht, was Gallus/Veith selbst aussagen. »Löwi« galt als »Volksheld«, im Osten hatte Löwenthal »traumhafte Einschaltquoten«, die Stasi entlarvte er als »zähnefletschenden Kampfhund«. Löwenthal sei einer der wenigen gewesen, »die den Mut hatten, das begangene Unrecht in der DDR so konkret beim Namen zu nennen«.[11]

Unzweideutig ist das Urteil der Gallus/Veith: »Ich war überrascht, dass die DDR-Regierung in weiten Teilen der Politik und Presse der Bundesrepublik so viel Ansehen und Verständnis genoss. Viele sprachen sogar offen darüber, die DDR als zweiten deutschen Staat anzuerkennen. Wie konnte man überhaupt darauf kommen, solch ein Unrechtsgebilde anerkennen zu wollen?«[12]

Ja – wie konnten die Regierungen von ca. 140 Staaten (die BRD nicht) die DDR völkerrechtlich anerkennen? Der Leser ahnt die Antwort... (Von 1970 bis 1973 war ich Leiter einer DDR-Vertretung in Afrika. Ich könnte natürlich auch mit persönlichen Erfahrungen dienen.)

3 Provokation im Reichstag und am Checkpoint Charlie

»Prüfet alles, aber das Gute behaltet!«
(Paulus an die Thessaloniker. 5.21)

In den achtziger Jahren führte der Bundestag widerrechtlich – Proteste der UdSSR ignorierte er – Sitzungen auch im Berliner Reichstag durch.[1]

Diejenigen, die Jutta Gallus »führten«, sahen eine Festsitzung des Bundestages am 13.8.1986 offensichtlich als günstige Möglichkeit für eine Aktion, die die DDR provozieren musste und sollte. Die Szene wird in den beiden Büchern Ines Veiths und im Film aus der Sicht von Jutta Gallus und ihren Helfern dargestellt. Am 13. August 1986, als eine Gedenkveranstaltung mit Willy Brandt und Helmut Kohl als Rednern stattfand, schob sie sich – Jutta Gallus – nach Brandts Rede, dem Helmut Kohl folgen sollte, an das Pult, um ihre Forderung nach der Übersiedlung ihrer Kinder medienwirksam vorzutragen.

Noch am 25. September 2007 feierte der Berliner »Tagesspiegel« anlässlich der bevorstehenden Fernsehpremiere diese Tat. Der Artikel trug den Titel »Mit dem Kopf durch die Mauer«. Der Titel ist eine Irreführung, denn auch Jutta Gallus gelangte nicht mit dem Kopf durch die Mauer.

Dass es sich bei dem Auftritt im Reichstag um eine entspannungsfeindliche Provokation handelt, rühmte der »Tagesspiegel«: »Gegen alle Regeln des Protokolls hat Jutta Gallus die Gedenkveranstaltung zum Bau der Berliner Mauer für eine private Demonstration genutzt... Bei jener Gedenkveranstaltung am 13. August 1986 spürt sie die Arroganz der Macht. Na und? Jutta Gallus lässt sich nicht einschüchtern. Nicht von den Machthabern in der DDR, die ihr die Kinder genommen haben. Nicht von den Politikern der Bundesrepublik, die ihre geheime Entspannungsdiplomatie nicht mit einem Einzelschicksal belasten wollen.« (Der Leser beachte die Sprache: In der DDR regierten »Machthaber«, in der BRD »Politiker«.)

Mit einer weiteren spektakulären Aktion am Checkpoint Charlie, die zum Buch- und Filmtitel avancierte, wurde Jutta Gallus berühmt, und aus der Darstellung von Ines Veith ist erkennbar, wie sehr Jutta Gallus ihren Ruhm genoss: »›Hungerstreik am Ausländerübergang Checkpoint Charlie‹ betitelte die *Berliner Morgenpost* ihre Reportage über mich, die BILD wählte als Schlagzeile ›DDR lässt Kinderstars nicht zur Mutti in den Westen‹. Eine Illustrierte schrieb: ›Im DDR-Fernsehen leben Claudia und Beate Gallus in einer Musterfamilie. Die beiden Schwestern sind Stars der heiteren Familienserie ›Blicke übern Gartenzaun‹! In Wirklichkeit ist ihnen zum Heulen zumute. Denn seit drei Jahren sind sie aus politischen Gründen von ihrer Mutter getrennt.‹ Millionen Menschen aus Deutschland, Österreich und der Schweiz lasen oder hörten von unserem grausamen Schicksal. In Wien hatte Vera Russwurm im *Insider,* einer österreichischen Jugendzeitschrift, zu einer weit reichenden Aktion unter dem Motto: ›Für fünf Schilling eine Familie retten?‹ aufgerufen. Die Menschen wurden gebeten, eine so genannte Appellpostkarte mit der Frage ›Wie lange sollen Claudia und Beate noch zwangsweise festgehalten werden?‹ an Erich Honecker, Marx-Engels-Platz, DDR-1020 Berlin oder an den Genossen Hahn, Rat des Bezirkes, Abteilung Jugendhilfe, Togliattistraße, DDR-8060 Dresden zu schicken. Viele folgten diesem Aufruf, und viele bekundeten mir brieflich ihre Anteilnahme. Doch was konnten all die lieben Menschen mit ihren guten Absichten gegen einen sturen kommunistischen Machtapparat ausrichten? Nichts! Und noch mal nichts! Die DDR blieb stumm, alle Verantwortlichen auf Tauchstation.«[2]

Was öffentlich wohl bekannt war, Jutta Gallus schien es nicht zu wissen: Gefangenenaustausch und »Freikauf« von Häftlingen erfolgten nicht nach spektakulären Erpressungsaktionen, sondern leise, ohne Medien, auf diplomatischem Wege. Das war der kürzere und billigere Weg.

4 Jutta Gallus besucht den Papst in Rom

»Du Heuchler, zieh zuerst den
Balken aus deinem Auge;
danach sieh zu, wie du den Splitter
aus deines Bruders Auge
ziehst.« (Matth. 7.5)

Für April 1985 war ein Besuch Erich Honeckers in Rom und eine Audienz beim Papst angekündigt worden. Jutta Gallus sah eine Möglichkeit, eine spektakuläre Aktion zu starten: »Ich wollte diese Begegnung nutzen, um dem Papst eine Petition zu übergeben. Ich hoffte so sehr, dass mein Einsatz etwas bewirken würde. Konnte es sich Honecker leisten, dem Papst in Sachen Familienzusammenführung zu widersprechen? Das würde doch auf ihn selbst zurückfallen, sein internationales Ansehen schmälern.«[1]

Hat Jutta Gallus dieses raffinierte taktische Spiel selbst erfunden? Oder wessen Spiel war das?

In Rom stellte sich Jutta Gallus protestierend vor die DDR-Botschaft, wurde prompt von Carabinieri festgenommen, musste für sechs Stunden in den Arrest.

Freunde von der »Internationalen Gesellschaft für Menschenrechte« und Journalisten paukten sie heraus – ein deutlicher Hinweis, dass es sich um eine abgekartete Provokation handelte, um ein widerwärtiges Medienspektakel zu Lasten des Friedens und der Entspannung.

Ines Veith beschreibt die Begegnung von Jutta Gallus mit dem Papst während einer Generalaudienz auf dem Petersplatz. Jutta Gallus hatte, so Veith, unter dem Datum vom 21. 4. 1985 einen Brief vorbereitet, den sie dem Papst zu überreichen gedachte:

»Sehr verehrter Heiliger Vater!

Ich sehe das Licht der Erlösung nach einem langen Weg des Leidens und Hoffens in Zusammenhang mit der Audienz, die Sie dem Staatschef der DDR, Herrn Erich Honecker, gewähren. Nach meiner Scheidung war ich alleinige Erziehungsberechtigte meiner beiden Töchter Beate und Claudia, die jetzt 12 und 14 Jahre alt sind. Da einer offiziellen Übersiedlung zu meinem in der Bundesrepublik lebenden Vater nicht stattgegeben worden war, hatte ich mich mit meinen Kindern gemeinsam zu einem Fluchtversuch über Rumänien entschlossen. Nach dem Misserfolg dieses Versuchs musste ich bis zu meinem vorzeitigen Freikauf durch die Bundesrepublik am 18.4.1984 21 Monate im Frauenzuchthaus Burg Hoheneck in unmenschlicher Terrorhaft mit Mördern und Verbrechern zubringen. Die Kinder standen trotz psychischen Drucks seitens der Staatssicherheitsorgane der DDR zu mir und schrieben viele Briefe. Sie wollen zu mir ziehen, das schreiben sie fast täglich und haben es mir auch über ein Tonband vermittelt, da wir offiziell über das Telefon nicht miteinander sprechen dürfen. Da ich wegen dieser Zwangstrennung psychische und physische Schäden bei meinen Töchtern befürchten muss und ich auch selbst als Mutter kaputtgehe, flehe ich Sie an, sich bei der Audienz mit dem DDR-Staatschef Honecker mit all Ihren

Fürsprachemöglichkeiten für unsere Familienzusammenführung einzusetzen und ihn an Menschenrechte und international eingegangene Vereinbarungen zu erinnern.

Mit ergebenster Hochachtung, eine hoffende Mutter

Jutta Gallus«[2]

Ob diese Idee von Jutta Gallus selbst stammte oder ihr suggeriert wurde, ist hier unwichtig. Tatsache ist, dass zu den Empfehlungen von Helsinki die gehört, dass die Staaten die Familienzusammenführung fördern sollten. Im Falle Gallus hatte die Sache zwei Haken: Erstens hatte sie ja die Trennung von der Familie selbst provoziert. Zweitens musste sich die Zusammenführung nicht zwangsläufig in Ost-West-Richtung vollziehen.

Am folgenden Vormittag traf Jutta Gallus den Papst, aufgeregt, mit zitternden Knien, ohne polnische oder italienische Sprachkenntnisse: »Doch als er vor mir stand und um mein Anliegen bat, vergaß ich alle Ängste. Es ging mir nur noch um Beate und Claudia.« Und nun geschah etwas, was ich unter »Wunder« einreihen würde. Der polnische Papst, der die hohe Kunst politischer Diplomatie beherrschte, nahm nicht nur die Hand der Jutta Gallus, sondern sagte: »›Ich verspreche‹, sagte der Papst in verständlichem Deutsch mit leicht polnischem Akzent, ›dass ich mich bei Erich Honecker für Sie verwenden werde. Aber ich bin kein Politiker, und ich kann nur hoffen, dass er Ihrer Bitte, durch mich übertragen, folgen wird.‹«

Und er soll seine Erklärung mit dem Satz abgeschlossen haben: »Aber ich bin der festen Überzeugung, dass Kinder zu ihrer Mutter gehören, dass es da keine politischen Barrieren und Grenzen geben darf.«[3] Der Papst ist kein Politiker, obwohl er auch Staatsoberhaupt ist?

Sind einem Historiker, der Quellenkritik für unerlässlich hält, Fragen erlaubt? Der gewiefte Papst soll – überrascht – eine solche Erklärung abgegeben haben? Hat ihm jemand ein Mikrophon unter die Nase gehalten, also ein Reporter die Sache vorbereitet?

Zu bedenken wäre auch: Der Papst hätte es in der Hand, Millionen hungernden und sterbenden Kindern sein Wort zu leihen, vor allem in Lateinamerika. Tut er das?

Ich versuche, die schlichte Argumentation der Jutta Gallus/Veronika Ferres anzuwenden.

»Ich will mit meinen Töchtern in die Freiheit, das ist kein Verbrechen.« Freiheit ist ein abstrakter Begriff, gemeint war die BRD. Wir nehmen an, tausende Polinnen, Inderinnen oder Mexikanerinnen haben dasselbe Begehren, mit ihren Kindern nach Deutschland zu kommen. Sie bedienen sich auch bezahlter Schleuser (vielleicht auch bestimmter »Menschenrechtsorganisationen«).

Gegenwärtig versuchen viele Afrikaner in die europäische Freiheit zu gelangen.

Laut Deutschlandfunk vom 16. Oktober 2007 sind bei diesem Versuch in den letzten fünfzehn Jahren 13.000 bis 15.000 Flüchtlinge in der Meerenge von Gibraltar umgekommen.

Das ist das größte Massengrab der Neuzeit.

In der Bundestagssitzung vom 13. März 2008 erklärte Lothar Bisky: »6.000 Afrikaner – junge Frauen, junge Männer, Kinder – sind allein im vergangenen Jahr bei dem Versuch ertrunken, europäisches Festland zu erreichen. Es ist zynisch, die Heimat dieser Menschen mit Waren zu überfluten, ihre Perspektive aber im Mittelmeer zu ertränken.«[4]

Nach dem Urteil mancher Historiker und Publizisten besteht das Hauptverdienst von Papst Johannes Paul II. darin, dass er den Sozialismus in Polen zum Einsturz brachte.[5]

Damit brachte er auch Not und Elend über unzählige Frauen und Kinder. Im Auftrag Gottes?

Wer die Bibel kennt, weiß, dass Jesus sein »Reich« nicht auf dieser Welt sah.

5 Die Helsinki-Story der Gallus

»Verflucht sei, wer das Recht verdreht« (5. *Mose* 27.19)

Laut Gallus/Veith bot sich im Juli 1985 eine neue Gelegenheit, »um auf unser Schicksal aufmerksam zu machen«.[1] In Helsinki wurde des zehnten Jahrestages der Schlussakte gedacht. Im Film und den Büchern wird geschickt der Eindruck erweckt, als sei die Provokation der Gallus während der Helsinki-*Konferenz* erfolgt, was die Sache nicht besser machen würde. Im Buch wird zwar der Anlass (Treffen der Außenminister zum 10. Jahrestag der Schlussakte) eingangs benannt, doch während der Schilderung des Geschehens immer wieder von »Helsinki-Konferenz« geschrieben. Ein mehrfaches Versehen der Autorin und des Lektorats?

Der Film verlegt das Ereignis gar auf Juli/August 1986. Eine Texteinblendung informiert, es handele sich um die »KSZE-Konferenz«. Vielleicht, um der Anschuldigung zu entgehen, Unwahrheiten zu erzählen, behilft sich der Film einer fiktiven englischsprachigen Journalistin, die - ohne deutschsprachige Untertitel - ihr fiktives Fernsehpublikum im Hintergrund aufklärt, mit welchem Ereignis man es zu tun hat (»We are here to celebrate the 10th anniversary of the OSCE«). Im Land der Pisa-Studien ein mehr als mutiger Weg, um die Zuschauer aufzuklären.[2]

Die Helsinki-Konferenz hat ein Jahrzent früher, im Juli 1975, stattgefunden, als Jutta Gallus noch in Dresden lebte. Ines Veith, und mehr noch die Filmautoren, müssen in ihrem Verwirrspiel von der Annahme ausgehen, dass die Leser/Zuschauer nicht einmal das Datum der Konferenz kennen.

Aber auch als Schwindel ist die Absicht der Handelnden unverkennbar. Wenigstens in ihrer Phantasie wollen sie die KSZE-Konferenz der Staats- und Regierungschefs stören. Allerdings waren da noch die finnische Polizei und das Protokoll. Was tun? Folgen wir dem Text von Ines Veith:

»›Es gibt nur eine Möglichkeit‹, meinte Wolfgang Riegle, der in der ›Internationalen Gesellschaft für Menschenrechte‹ die DDR-Sektion betreute. ›Wir besorgen dir Handschellen, und du musst dich vor dem Konferenzgebäude anketten. Sonst werden sie dich gleich wegschaffen. Mit Handschellen wird deine Aktion vielleicht Aufregung erzeugen und die Presse mobilisieren.‹ Ich war unschlüssig. Ich wollte nichts tun, was die Gesetze des Landes verletzen könnte. Ich wollte mich nicht mit fremdländischen Polizisten anlegen. Andererseits bot diese Konferenz eine gute Gelegenheit, mit den beiden deutschen Außenministern zusammenzutreffen. Sie waren mächtig genug, um auf Honecker und den Staatssicherheitsdienst einzuwirken. ›Kann ich mich denn auf euch verlassen?‹ fragte ich Riegle. ›Sicher! Wir sind in deiner Nähe. Das ist doch klar! Wir passen auf, dass dir nichts passiert‹, klopfte mir der schwergewichtige junge Mann kumpelhaft auf die Schulter. Mit seiner Unterstützung wollte ich es wagen. Ich hoffte sehr, mit dieser Aktion einen Schritt weiterzukommen... Es ging alles sehr schnell. Ich kettete mich an und warf die Schlüssel in den davor liegenden Gully. Das Plakat hatte ich auf meinen Pullover genäht. Es trug die Aufschrift: ›GROBE MENSCHENRECHTSVERLETZUNG IN DER DDR! KINDER DÜRFEN NICHT ZU IHRER MUTTER!‹ Die Helsinki-Gruppe hatte mir geholfen, die Utensilien zu bekommen, und versicherte, dass nichts passieren würde. Sie hätten genug Leute, um auf mich aufzupassen. Am Abend sollte ich in einem Kino vor einem internationalen Publikum zu meinem Fall Stellung nehmen und Fragen beantworten. Ich sagte zu, weil ich dankbar war, dass mir überall so viele Menschen halfen und ich mit solchen Abenden etwas zurückgeben konnte. Sie hatten die Handschellen besorgt und mir gesagt, dass ich die Schlüssel wegwerfen sollte, um Zeit zu gewinnen. An dem Ort, wo ich angekettet war, mussten alle Konferenzteilnehmer vorbei und konnten nicht umhin, mein Plakat und mich wahrzunehmen. Es dauerte nur wenige Minuten, bis zwei Polizisten auftauchten und mich wegholen wollten. Doch das ging nicht. Inzwischen hatte sich schon eine Menschenmenge um mich versammelt, und auch Journalisten waren gekommen. Selbstbewusst forderte ich ein Gespräch mit Außenminister Genscher von der Bundesrepublik und Außenminister Fischer von der DDR. Ich blieb länger als eine Stunde angekettet. Die eisernen Fesseln konnten nur mit Hilfe eines Bolzenschneiders durchtrennt werden. Währenddessen erzählte ich bereitwillig der umherstehenden Presse meine Geschichte. Die meisten zeigten Verständnis für mein Anliegen, lobten meinen Mut und wollten mir helfen. Unter Protestrufen der umherstehenden Passanten wurde ich nach der *Befreiung* durch die finnische Polizei mitgenom men und vorläufig verhaftet. Ich kam ohne Befragung für mehrere Stunden in einen fensterlosen Raum mit dämmrigem Licht und einer Holzpritsche. Auf Intervention der bundesdeutschen Botschaft wurde ich jedoch bald wieder freigelassen. Aufgrund des heftigen Presseengagements hatte mir Außenminister Hans-Dietrich Genscher sogar einen Termin für den kommenden Vormittag eingeräumt. Ich hatte vorsorglich einen Brief vorbereitet, den ich ihm mitgeben wollte.«[3]

Ich breche den Bericht ab. Wer den Brief lesen und etwas über das Gespräch mit Genscher erfahren will, muss zum Buch greifen.

Immerhin: Zur Ehre von Genscher muss gesagt werden, dass er (sofern der Text stimmt) korrekt reagierte: »Wenn wir etwas erreichen, dann nur über den Weg der stillen Diplomatie. Das erfordert bei der dauernd angespannten Lage zwischen Ost und West sehr, sehr viel Sensibilität im Umgang miteinander. Und die Kollegen aus der DDR lassen sich da nicht reinreden. Erst recht nicht vom Klassenfeind.«[4]

Der Abschnitt über Helsinki endet geheimnisvoll: Jutta Gallus erhielt über »geheimdienstliche Kontakte« die Information, dass sie entführt werden sollte: »Es war geplant, mich als verschollen gelten zu lassen. Die Frau vom Checkpoint Charlie sollte nie wieder demonstrieren. Sie sollte einfach nicht mehr da sein. Weder tot noch lebendig. Wahrscheinlich hätten sie mich verschleppt oder ermordet. Und bald wäre Gras über den Fall Gallus gewachsen. Wer hätte noch nach den Kindern oder mir gefragt? Ich saß wie gelähmt in meinem Hotelzimmer, machte in der Nacht kein Auge zu und ließ das Licht brennen. Am nächsten Morgen war ich froh, gleich nach dem Frühstück Helsinki verlassen zu können. Ich hatte Angst. Gab es noch mehr solcher heimtückischen Fallen?«[5]

Wer hat »geplant«, Jutta Gallus zu verschleppen oder zu ermorden? Woher weiß sie von diesen »Plänen«? Warum hat sie nicht den Schutz der Polizei erbeten?

Im Fernsehfilm wird eingefügt, was in den Büchern noch nicht steht, aber dem »Stasi«-Syndrom geschuldet ist: Die Staatssicherheit habe einen Mordanschlag versucht. So wird aus der »Leidensgeschichte« der Jutta Gallus auch noch ein erfundener Krimi, der den unzähligen Verleumdungen der Staatssicherheit eine weitere – als »Wahrheit« quasi durch Jutta Gallus verbürgt – hinzufügt. An erfundenen Gruselgeschichten ist immer Bedarf.

Medien scheinen ohne sie nicht existieren zu können.

Ich wiederhole: Die Helsinki-Konferenz fand im Juli 1975 statt. Zu diesem Zeitpunkt war Jutta Gallus noch Bürgerin der DDR (vielleicht mit ihrem Schicksal unzufrieden) und ihre »Leidensgeschichte« lag noch im Dunkel der Zukunft.

In Helsinki waren Hans-Dietrich Genscher und Oskar Fischer und ihre Mitarbeiter noch Partner, zumindest bei den Anstrengungen, die Deutschen vor dem atomaren Massengrab zu bewahren. 1990 fand Genscher keinen anderen Weg für seine »Brüder und Schwestern« im Außenministerium der DDR, als die Entlassung.

Wie viele Familien, auch Kinder waren davon direkt und indirekt betroffen (im buchstäblichen Sinne)? Wo blieben deren Rechte?

6 Fälscher am Werk?

»Das Verbrechen von Feinden untersucht man mit größter Genauigkeit, jedoch niemals die eigenen.« (Noam Chomsky)

Im Fernsehfilm und in den Büchern und Artikeln über das Schicksal der Jutta Gallus werden ständig Menschenrechte strapaziert, die in der DDR verletzt worden seien. Jutta Gallus/Ines Veith z. B. postulieren: »Ich hatte nur eins der vielen Menschenrechte, deren Durchsetzung schließlich auch die DDR unterschrieben hatte, wahrnehmen wollen.«[1]

»Ich kann es nicht verantworten, meine Kinder in einem Staat zu erziehen, der noch nicht reif und in der Lage ist, die einfachsten Menschenrechte einzuhalten.«[2]

Nicht die Vereinten Nationen oder deren Menschenrechtskommission urteilten über die »Reife« der DDR (eine Verurteilung hat es im Unterscheid zu manchen »Demokratien« nie gegeben), sondern

Jutta Gallus. Ein »Menschenrecht« auf absolute »Freizügigkeit« gibt es nicht. Jeder Staat regelt sein Grenzregime nach seinen Interessen und Bedürfnissen. Dass die DDR sich in einer spezifischen Lage befand, können nur politische Analphabeten bestreiten (die es auch heute noch gibt). Die Helsinki-Schlussakte war erstens kein völkerrechtlicher Vertrag und hatte zweitens Empfehlungen im humanitären Bereich, auch Familienzusammenführungen.[3]

Abkommen über den Reise- und Besucherverkehr zwischen der DDR und der BRD folgten, übrigens nicht nur in einer Himmelsrichtung.

Wenn Gallus/Veith behaupten, die DDR sei nicht in der Lage gewesen, »die einfachsten Menschenrechte einzuhalten«, können sie mit dem »Recht auf Irrtum« nicht entschuldigt werden. Das Völkerrecht verlangt die Verwirklichung von »all human rights for all human beings« und betrachtet alle Menschenrechte als Einheit.

Sollte jemand unter »einfachsten Menschenrechten« das Recht auf Arbeit, Bildung, Gesundheitsfürsorge meinen, waren sie in der DDR mustergültig verwirklicht, was von der Bundesrepublik kaum jemand behaupten kann. Es war Willy Brandt, der – schon vor 1989 – den Missbrauch der Menschenrechte im Dienste der ideologischen Diversion tadelte.

Im Mai 1987 veröffentlichte Willy Brandt seinen Essay »Menschenrechte misshandelt und missbraucht«[4]: Er wusste, »wie rasch die Berufung auf Menschenrechte zur billigen Münze werden kann, missbraucht im außenpolitischen Streit der Mächte wie im innenpolitischen Wettkampf der Parteien.«[5]

Die folgenden Zitate sollten interessierte Leser reizen, Willy Brandts Essay zu lesen:

»Verletzte Menschenrechte als Waffe im ideologischen Kampf zu benutzen ist kein Verhalten, das dem Leiden der Betroffenen gerecht würde. Propaganda über die Schandtaten des Feindes ist zwar so alt wie die Geschichte der Menschen, aber mit Propaganda ist überzeugende Politik für die Menschenrechte nicht zu machen.

Zur Arbeit für die Menschenrechte gehört das Fegen vor der eigenen Tür. Wer sich zum Westen und damit zu seiner Verfassungsgeschichte bekennt, muss sich eine noch härtere Prüfung seiner menschenrechtlichen Verhältnisse gefallen lassen, als derjenige, der sich auf andere Traditionen beruft.«[6]

Willy Brandt kritisierte: »Seit der Gründung der Vereinten Nationen gibt es für die Mitgliedsstaaten – auf dem Papier – einen *gemeinsamen* Kodex in Sachen Menschenrechte. Er ist jener, der sich aus der Tradition des Humanismus, der Aufklärung und der europäisch-amerikanischen Vertragsgeschichte herleitet. Aber schon im überwiegend demokratisch verfassten Westen gibt es erhebliche Abstände zwischen Theorie und Praxis. Anderen Herrschaftsformen in anderen Teilen der Welt ist mit Formelkompromissen nicht beizukommen. Wir sind mit mehr oder weniger Erfolg dabei, auch die ›neuen‹ Dimensionen der Menschenrechte zu begreifen und mit Leben erfüllen zu helfen: Sicherung des Überlebens im Atomzeitalter, Freiheit von Hunger, Gerechtigkeit beim Nutzen der Güter. So kreisen die hier dargelegten Überlegungen um das Thema: Wie kann der Widerstreit der Interessen, der Glaubenshaltungen und des unablässigen Machtkampfes doch eine Übereinstimmung gefunden und jedenfalls eine Annäherung gefördert werden, die einem aktiven Einstehen für die Menschrechte zugute käme?«[7]

Das schrieb Willy Brandt unter den Bedingungen der Blockkonfrontation.

Und noch einmal Willy Brandt im Hinblick auf die aktuelle Politik:

»Leute, die ihre Absichten verschleiern möchten, indem sie Menschenrechte vorschieben, wo Besitz- und Machtinteressen gemeint sind, handeln nicht nur zynisch und heuchlerisch, sie gefährden auch die politische Lösung großer sozialer Probleme.«

Die Macher von »Die Frau vom Checkpoint Charlie« halten dieses von Brandt verurteilte verwerfliche Tun noch 2007 für nötig. Warum? In der Diskussion um das Schicksal der Jutta Gallus wurde auch vieltausendfach von der »Zwangsadoption in der ehemaligen DDR« gesprochen. Ines Veith verwandte diesen Begriff auch als Untertitel zu ihrem Buch »Gebt mir meine Kinder zurück«.

Das ist auch der Titel für die schon erwähnte Ausgabe von »mittendrin« und das Interview, das Veronika Ferres gab. Mit Hilfe des Films und der schauspielerischen Leistung der Ferres wird Millionen suggeriert, die »SED-Diktatur« habe Müttern ihre Kinder weggenommen.

In einigen Medien wird die schauspielerische Leistung der Veronica Ferres hervorgehoben. Das macht besonders nachdenklich. Da ich, Jahrgang 1927, »Holt-Generation«, noch die von Goebbels inspirierten Nazifilme gesehen habe (Pflichtbesuch für die Schulen), kenne ich die Wirkung von »Jud Süß«. Eben die schauspielerische Leistung von Ferdinand Marian bewirkte die antisemitischen Gefühle. Nun ist natürlich die Schürung des Antisemitismus und die Verleumdung der DDR nicht dasselbe. Aber die psychologische Wirkung traf damals wie jetzt gutgläubige, unwissende Bürger und das gezielt und planvoll. Die jüngste Debatte um die Frage der »Kindstötungen« in Ost und West ist ein aktuelles Beispiel.

Die von Gallus/Veith behauptete massenhafte »Zwangsadoption« gab es in der DDR nicht.

Am 13. Dezember 2007 nahm der Bundestag auf Vorschlag des Petitionsausschusses den Beschluss 16/7493 an. In diesem Beschluss wird festgestellt, dass es sieben Fälle gegeben habe, in denen staatliche Organe der DDR die Kinderbetreuung wegen Republikflucht der Eltern veranlasst haben.

Die beiden Gallus-Mädchen wurden zeitweilig in einem Kinderheim, dann vom Vater betreut. Sie wirkten im DDR-Fernsehen putzmunter mit. Sie hatten in »Geschichten übern Gartenzaun« und »Neues übern Gartenzaun« mitgespielt, der ersten und zweiten Staffel einer beliebten DDR-Fernsehserie. Dass Claudia und Beate Gallus »vom DDR-Fernsehen zwangsverpflichtet«[8] worden waren, werden sie selber gar nicht gemerkt haben. Sie machten auch in den Talkshows der Anne Will nicht den Eindruck, dass sie auf den Mund gefallen sind.

Das Elternpaar, das die Gallus-Mädchen laut Film adoptiert haben soll, ist erfunden.

Der Vater der Mädchen, der das Erziehungsrecht nach dem Gerichtsbeschluss ausübte, hat die »Westkontakte« seiner Töchter nicht behindert. Und nachdem die Mädchen in der »Freiheit« waren, haben sie dem Vater noch manchen Gruß und Wunschzettel übersandt.

Übrigens: Die Entwicklung der beiden Mädchen widerlegt wohl auch die Behauptung der Mutter, dass die DDR die »einfachsten Menschenrechte« nicht eingehalten habe, falls es erlaubt ist, das Recht auf

Bildung als unwichtig einzuschätzen. Eine Tochter ist Tänzerin, die andere arbeitet beim Film.

Jutta Gallus, nun Jutta Fleck, konnte sich aber auch noch steigern. Von ihr wurde im »Spiegel« gemeldet: »Jutta Fleck, die ›Frau vom Checkpoint Charlie‹ sagte, dass die DDR Tausende Kinder verschleppt habe.«[9] Ein Ausrutscher? Ein Fall von Anti-DDR-Hysterie?[10]

Die zuständigen BRD-Organe zählten in 18 Jahren sieben »Kindesentziehungen«, wie der Bundestag per Beschluss bestätigte. Gallus/Fleck behauptet, die DDR habe Tausende Kinder »verschleppt«. Womöglich in Konzentrationslager, wofür es fotografische »Beweise« gibt? Bedarf es eines Kommentars?

...ungen, mit denen die physi-
...sche Aussonderung missliebiger

...geschicht...
beleuchtet wird. Die Ausstellung „Bilder, die lügen" zeigt dort das

Kalter Krieg: So werden aus fröhlichen Knirpsen geknechtete Kinder. 1976 werden die Kinder einer Krippe in Torgau nach dem gemeinsamen Bad in gestreifen Frotteeanzügen fotografiert (oben). Das Bild erhält bei der World-Press-Photo-Ausstellung einen Preis. Im Jui 1978 werden die Frottee-Zwerge in Westdeutschland zu KZ-Insassen. In einer Broschüre (links) der „Hilfsaktion Märtyrerkirche", die Gläubige in kommunistischen Staaten unterstützt, heißt es, das Foto sei „aus einem Sowjet-KZ in der UdSSR geschmuggelt" worden. Der Bildtext: „Die Kinder wurden in einem Häftlingslager geboren und wachsen dort auf, bis die Eltern einmal entlassen werden."

Fotos: Katalog

Sächsische Zeitung, 18./19. März 2000, anlässlich der Ausstellung »Bilder, die lügen«

7 Antikommunistische Sudeleien

»Denn sie säen Wind
und werden Sturm ernten.«
(Hosea 8.7)

Wer sich in das Schicksal der Jutta Gallus hineinzuversetzen versucht, kann ihre Verbitterung in gewissem Maße verstehen. Mit der Übersiedlung der Kinder hätte sie einen neuen Abschnitt ihres Lebens beginnen können. Unverständlich ist, warum sie sich lange nach 1989/90 für Hasstiraden hergibt, wie sie unsereins in der Kindheit in der Goebbels-Propaganda hörte. Einige Beispiele:

»Die Knüppelpolitik der SED war einfach widerlich.«[1]

Jahrzehntelang haben DDR-Polizisten keine Knüppel getragen und benutzt.

»Ich wollte den ganzen sozialistischen Kram samt Parteigesülze inklusive deutsch-sowjetischer Freundschaft ein für allemal begraben.«[2]

Zum Glück für Kohl war 1989 die Freundschaft DDR–UdSSR so stark, dass Gorbatschow seinen Ausverkauf der DDR betreiben konnte.

»Ich kannte keinen, der an dieses dumme Geschwätz wirklich geglaubt hätte.«[3]

Was Veith/Gallus als »dummes Geschwätz« denunzieren, betrachten heute viele als bittere Erkenntnis, die zu spät kommt.

Die Diktatur »spielte sich vorwiegend da ab, wo die Fahnen wehten und der Politzirkus auftrat.«[4]

Nirgendwann wehten mehr Fahnen und gab es mehr Politzirkus als 1989/90.

Die »Unterdrückermafia«[5] haben die meisten DDR-Bürger erst nach 1989 kennen gelernt.

»Die hygienischen Verhältnisse [in Hoheneck] waren kaum besser als in einem Schweinestall.«[6]

Die Juristen, die 1990 die Strafanstalten der DDR inspizierten und beurteilten, wie übrigens auch andere Häftlinge, sahen das nicht so.

(In Hamburg begegnete ich am 3.3.2008 einem Häftlingsschicksal besonderer Art. Da hatte einer erst in der DDR »gesessen«, dann in der BRD. Er lobte die Haftbedingungen in der DDR.)

Nach dem Lesen einer Horrorstory, in der Dertinger (erster Außenminister der DDR) wegen Spionage verurteilt wurde, trompeten Gallus/Veith: »Niemals hatte ich in der DDR von solchen Schicksalen gehört. Diese Verbrecher! Sie spielten mit Menschen, wie es ihnen gerade in ihr politisches Kalkül passte. Wie viele solcher Schicksale mochte es wohl geben? Warum schwiegen alle? Solche Berichte gab es viel zu selten. Und die Politiker rührten nicht daran! Die Mauer, der Eiserne Vorhang, ein Schutzwall, um solche Verbrechen vertuschen zu können!«[7]

Welche Schicksale in der BRD von heute könnten Gallus/Veith jetzt beschreiben, wenn sie wollten. Da ich Anfang März 2008 in Hamburg war, wüsste ich haarsträubende Geschichten.

Ines Veith schildert auch eine Adventsfeier für Häftlinge (gemeint sind ehemalige) in Waldlieshorn, an der Jutta Gallus teilgenommen hat. Der Verein »Hilferufe von drüben«, Vorsitzender Gerhard Löwenthal, veranstaltete seit 1978 jährlich diese »Häftlingstreffen«, zu denen auch einschlägige Politiker erschienen.[8] Dort konnten die Ex-Häftlinge natürlich miteinander sprechen. Von dem Unglaublichen, das man erlebt hatte, das sich Sozialismus nennt. »›Sie lassen noch nicht mal die Toten in Ruhe‹, erzählte ein junger Arzt, der selbst in mehreren Krankenhäusern der DDR erlebt hatte, dass man den Toten die Hirnanhangdrüse herausoperierte, um sie für zwanzig Dollar zur Insulingewinnung an den Westen zu verkaufen. Die Angehörigen wurden von diesen Maßnahmen nie unterrichtet.«[9]

Das, was Ines Veith dem »jungen Arzt« in den Mund legt, ist erstunken und erlogen.

Es ist eine Lüge gleicher Qualität wie die »Frühchen«, die im Eimer ertränkt worden seien, oder die »Organspenden« für »Politgreise«.

Aber erfüllen diese Lügen nicht den strafrechtlichen Tatbestand von

Verleumdungen? Ist ihr politischer Schaden nicht irreparabel? Gehört das »Recht auf Lügen« zum Bestand der freiheitlich-demokratischen Grundwerte? Ich hatte es lange Zeit nicht für möglich gehalten, dass sich jemand findet, der theoretisch begründet, dass im christlichen Abendland die Lüge nicht nur eine lässliche, täglich praktizierte Sünde ist, sondern ein notwendiges Prinzip.

Unter dem Titel »Lob der Lüge« darf Franz Walter im »Spiegel« im Februar 2008 verkünden:

»Politiker [müssen] kaltschnäuzig, unsentimental, knochenhart, listig sein...

Ein Stratege operiert geheim; er täuscht, legt falsche Spuren, hebt Fallgruben aus, lauert hinter Hecken... Man muss nur aufpassen, dass dies alles zugleich als ›glaubwürdig‹ erscheint.«[10] Ist das auch das Rezept, nach dem Medienmacher Filme wie »Die Frau vom Checkpoint Charlie« machen? Und der Schauspieler hat dafür zu sorgen, dass die Lüge »glaubwürdig« erscheint?

»Die Freiheit ist das wichtigste Gut im Leben« hatte Jutta Gallus von ihrem Vater gelernt.[11]

Freiheit, die sie meinen.

Aus dem Munde von Willy Brandt war anderes zu hören. Vor SED- und SPD-Historikern erklärte er im März 1987 in Bonn: »Selbstverständlich kann die Sozialdemokratie von den einmal gewonnenen und in vielen Gedächtnissen gespeicherten Erfahrungen aus den vergangenen Jahren nicht völlig absehen. Aber wir werden nicht Gefangene gelernter und eingeschliffener Verhaltensmuster und Denkschemata sein, wenn die Welt vor unseren Augen sich wandelt und die alte Betrachtungsweise sich überlebt. Nichts wäre erfreulicher, als wenn auch hier nicht alle alten Schlachten immer neu geschlagen werden müssten.«[12]

Am 23. Februar 1992 rief uns Willy Brandt im Dresdner Schauspielhaus in seiner berühmten »Dresdner Rede« zu:

»Sorgen wir nachdrücklich dafür, dass mit dem Selbstwertgefühl der Menschen nicht erneut Schindluder getrieben wird.

Selbstbewusstsein trägt man in sich oder nicht. Der Bestätigung von außen bedarf es eigentlich nicht.

Es will auch nicht durch eigene Wehleidigkeit geschwächt sein, sondern auf natürliche Weise, ohne Überheblichkeit, Bestätigung finden. In diesem Sinne rate ich: Lasst Euch nicht alles gefallen. Prangert Schwindel und Schwindler an. Schweigt nicht, wo vermeidbare soziale Not entsteht. Und wo die Handhabung des Rechts den Kontakt mit dem Leben verliert. Lasst es nicht unwidersprochen, wenn ohne Not bürokratische über praktische Vernunft obsiegt.

Weiter: Keiner kann uns daran hindern, wichtigtuerische Wichte der Lächerlichkeit preiszugeben, auf dass sie das Weite suchen oder mindestens den Mund halten. Keiner kann uns auch allzu miese Blätter aufzwingen oder erwarten, dass wir jeden Niveaurutsch im Fernsehen mit Beifall begleiten.«[13]

Das Vermächtnis Brandts nicht nur an uns Dresdner lautet: Wichtigtuerische

Wichte sind der Lächerlichkeit preiszugeben, auf dass sie das Weite suchen (oder wenigstens den Mund halten). Den »Niveaurutsch« im Fernsehen müssen wir nicht beklatschen. Es sind Gelder der Bürger, die aus niedrigen Beweggründen verschleudert werden.

8 Anne Wills Talkshow mit der »mutigsten Mutter Dresdens« (BILD Dresden 30.9.2005)

»Eure Rede aber sei:
Ja, ja, nein, nein. Was darüber ist,
ist von Übel.« (Matth. 5.37)

Ältere erinnern sich, warum, wann, in welchem historischen Kontext und welcher fürchterlichen Wirkung der Film »Jud Süß« gedreht wurde. Und wurde nicht die Wirkung verstärkt, weil der großartige Ferdinand Marian in die Figur des »Jud Süß« schlüpfte?

Auschwitz ist nicht ohne seine ideologische Vorgeschichte zu erklären (was nicht vergeben heißt). Jeder Krieg, jedes politische Verbrechen hat seine ideologische Vorgeschichte. Natürlich hinkt der Vergleich mit der gegenwärtigen »Abrechnung« mit der DDR. Damals ging es gegen die »Juden«, jetzt gegen die »Stasi«. Ein Vergleich der Methoden sei jedoch erlaubt.

Auf dem Titelblatt der Werbezeitung des MDR »mittendrin« vom September 2007 trägt »Die Frau vom Checkpoint Charlie« das Gesicht von Veronica Ferres. Möglicherweise weiß nur sie selbst, wie oft sie im Zusammenhang mit der Filmpremiere fotografiert und interviewt wurde. Wie sie selbst schrieb, identifizierte sie sich mehr und mehr mit ihrer »Heldin«, der sie ihre Gestalt lieh. Schließlich durfte sie in der Talkrunde bei Anne Will gemeinsam mit dem Original auftreten. Mit dem Gespann aus dem »Superweib« von 1996 und der »(Super-)Frau vom Checkpoint Charlie« leuchtete der Stern eines neuen Fernseh-Traumpaares. Und so wurde er geboren:

Nach ungewöhnlich intensiver Werbung in Printmedien und im Fernsehen sahen etwa zehn Millionen Deutsche die Lebenstragödie der Jutta Gallus. Die psychologische Wirkung wurde verstärkt, indem eine Dokumentation eingeschoben wurde und Anne Will sich dem Thema in ihrer dritten Talkrunde am 30. September 2007, die der Ausstrahlung des Films »Die Frau vom

Checkpoint Charlie« (Teil 1) folgte, widmete.

30. September 2005

Kino-Star Veronica Ferres verfilmt das Schicksal der DDR-Verweigererin Jutta Gallus

Sie wird Dresdens mutigste Mutter

Von T. KROHNER

Dresden – **Es war das bestgehütete Geheimnis der UFA, sollte erst Ende des Jahres auf einer Pressekonferenz verkündet werden. Doch ein Mitarbeiter des Film-Studios konnte nicht dichthalten, verriet: Kino-Diva Veronica Ferres (40) wird Dresdnerin – zumindest auf Zeit.**

Denn die UFA dreht Anfang kommenden Jahres für die ARD den Zweiteiler „Die Frau vom Checkpoint Charlie". Verfilmt wird eine wahre Geschichte aus dem geteilten Deutschland: Die Geschichte der Dresdnerin Jutta Gallus (heute 58), die nach Republikflucht, Stasi-Knast und Abschiebung in den Westen verzweifelt darum kämpfte, daß ihre Kinder nachkommen durften.

Die Jutta-Gallus-Story beginnt 1981 in Dresden. Die junge Frau, verheiratet und Mutter zweier kleiner Töch- ... ten zu bringen. Doch der Fluchtplan wird verraten. An der rumänisch-jugoslawischen Grenze wartet die Stasi auf Jutta Gallus. Eine Interflug-Maschine bringt sie zurück in die DDR.

Die Dresdnerin wird wegen Republikflucht in das berüchtigte Frauengefängnis Hoheneck gesperrt. Nach zwei Jahren schiebt die Stasi sie nach Westberlin ab – die Bundesrepublik hatte Jutta Gallus freigekauft. Doch ihre Töchter dürfen nicht mit: Sie kommen erst in ein Kinderheim, dann zu ihrem Ex-Mann Christian Gallus (heute 63).

Vier Jahre lang kämpft Jutta Gallus mit spektakulären Aktionen um die Ausreise ihrer Kinder. Sie demonstriert an der Mauer, kettet sich am Checkpoint Charlie an. Am 25. August 1988 läßt die DDR die Töchter (heute 24 und 34) endlich zur Mutter in den Westen. Die „Frau vom Checkpoint Charlie" hat das Regime besiegt.

Jutta Gallus lebt heute als Werbegrafikerin in Hessen.

BILD Dresden, 30. September 2005

Die Talkrunde bei Will bedarf besonderer Aufmerksamkeit. Wer bis dahin den Verdacht hegte, die Medienmacher folgten dem Rezept Edward Barnays in dessen Buch »Propaganda«, das 1928 entstanden war und schon von den Goebbels-Leuten verinnerlicht worden war (es ist soeben neu aufgelegt worden), so mussten sie nun entdecken, dass »Checkpoint Charlie« zum Anliegen des Staates bei der Abrechnung mit der DDR wurde.

Weder bei Erich Böhme, noch bei Sabine Christiansen war ein Film dermaßen stark instrumentalisiert worden.

Die zentrale Frage war, ob man mit der Jagd auf die Staatssicherheit aufhören könne und solle oder nicht. Zum wiederholten Male wurde die Szene eingeblendet, die zeigt, wie Mitarbeiter der Staatssicherheit in einer öffentlichen Diskussion zu Wort kommen wollen.

Schon die Zusammensetzung der Talkrunde zeigte die Absicht, ebenso wie die Regie bei der Rollenverteilung. In der illustren Runde saßen beisammen: Marianne Birthler, die staatlich ernannte Frontfrau zur »Geschichtsbewältigung«, die sich als Rachegöttin in Person aufspielte, Jutta Gallus/Fleck, die Heldin des Abends und des Films mit ihren Töchtern, Peter Hintze, Pfarrer und CDU-Politiker mit den historischen Leistungen der »Rote-Socken«-Kampagne, deren Konzeption er (trotz des Scheiterns) noch einmal wiederholen durfte, die Vizepräsidentin des Bundestages und Vertreterin der Linkspartei, Petra Pau, die glaubt, die deutsche (zumindest revolutionäre) Geschichte verantworten und verurteilen zu müssen und nun als Prügelknabe diente, und Pfarrer Friedrich Schorlemmer, Spezialist für Schuld, Sühne und Vergebung.

Diskutiert wurde nur bedingt über den genannten Film, also die Biographie der »Dissidentin«, deren Leben das Leben der Frauen in der DDR symbolisieren sollte. »Was macht Deutschland aus der DDR-Vergangenheit?« fragte Marianne Birthler die Millionen und log gleich mit dieser Frage. Sie hätte fragen müssen: »Wie sehen wir und unsere Brötchengeber die DDR-Vergangenheit?« Und von Birthler ist das längst bekannt. Manchmal stößt sie auf Widerspruch. Nicht alle erinnern sich an die Gräuel, von denen Birthler (wahrheitswidrig) erzählt. Dann sagt sie schlicht: »Dann bist du auch schon ein Produkt der Diktatur.«

Auch dieses Mal war das Timing (wie beim »Schießbefehl«, den Birthler zum rechten Zeitpunkt in die Medien lancierte) optimal, die Werbetrommel war fleißig gerührt worden, so dass ein »Marktanteil« von 24% aller Fernsehzuschauer erreicht wurde.

Zwar behauptete Petra Pau, die in der Runde ziemlich hilflos wirkte: »Unfassbar, was im Namen einer Idee, der ich auch angehangen habe und für die ich auch in die SED eingetreten bin, geschehen ist und den Menschen angetan wurde.« Aber auf die Idee, nach dem Sinn und Zweck dieses Medienspektakels zu fragen, kam sie nicht. Sieht sie den Zusammenhang zwischen der Verteufelung der DDR und der aktuellen Politik nicht?

Ist das nicht bei dem Film, in dem Ulrich Mühe sein Gesicht einem »Stasi-Spitzel« lieh, (für ihn auf tragische Weise) sichtbar geworden?

Petra Pau machte nicht den geringsten Versuch, ihre Biographie als Lehrerin und Pionierleiterin zu verteidigen oder die Rechtslage im Falle Gallus zu erläutern, so dass sich ein »Linker« nur schämen kann, dass er durch eine solche zahnlose Abgeordnete im Bundestag »vertreten« wird.

Die Inszenierung der Talkshow bei Will gipfelte in der Aussage, die geschickt den jungen Damen überlassen wurde: Die DDR sei ein »Unrechtsstaat« gewesen. Kronzeugen sind Jutta Gallus und ihre Töchter. Das, was Kinkel von seinen Richtern erwartet hatte und nicht erfüllt wurde (mangels Unrecht nicht erfüllt werden konnte), schafft nun der fiktionale Film:

Das Urteil: Die DDR war ein »Unrechtsstaat«.[1]

Und diesen »Unrechtsstaat« gibt es weder im Völkerrecht, noch im Duden.

Niemand kann voraussagen, welche Emotionen freigesetzt und wie sie sich entladen werden. Abraham Lincoln wusste: *A house divided in itself cannot stand.* Die gespaltene Aufnahme des Filmes in Ost und West, wie von Prof. Dr. Sabrow festgestellt, zeigt, wohin der Weg führt. Frau Ferres behauptete, sie habe Haustür an Haustür mit einem totalitären Staat gelebt, ohne dass sie es damals gemerkt hätte.

Sie irrt. Sie hat Tür an Tür mit DDR-Deutschen gelebt, die auf ihre Weise ihr Leben in Frieden und sozialer Gerechtigkeit zu gestalten versuchten.

In der Runde bei Will erzählte Veronica Ferres, was sie Mitte der achtziger Jahre von Dresdner Schauspielern Positives über die DDR erfahren habe. Ist das nicht wahr gewesen?

Sollen das die DDR-Bürger vergessen? Was würde Ferres zu meiner Behauptung sagen: Das, was heute demokratische Parteien auf sozialem Gebiet fordern, war in der DDR uneingeschränkt verwirklicht? (Natürlich ist das zu beweisen.)

Jetzt erzählt Veronica Ferres, dass sie im Gefängnis Hoheneck in einer Zelle gestanden habe, in der Frauen an die Wand gekettet worden seien und im kalten Wasser stehen mussten. Es habe Unterleibserkrankungen und Todesfälle gegeben. Das klingt fürchterlich, aber ist es auch wahr? Wer hat das Veronica Ferres erzählt? Wo sind die Zeugen, die helfen könnten, jene Folter zu bestrafen, deren Anwendung

Frau Ferres behauptet? Im Unterschied zu anderen »demokratischen« Staaten, wo die Folter praktiziert wird, war sie in der DDR verboten. Die »Siegerjustiz« hat diese behauptete Folter nicht entdecken können. Eine offizielle Gesamtbilanz der Hunderte Prozesse steht noch aus, aber ein Ergebnis ist bekannt: *Ein* Angehöriger des Strafvollzugs der DDR erhielt eine Freiheitsstrafe wegen eines »Übergriffs«. Auch hier wird ein Einwand erwartet: Für die Menschenrechte darf »uns« nichts zu teuer sein. Wie wahr. Joseph Fischer, 1999 Mitverantwortlicher für die völkerrechtswidrige Aggression gegen Jugoslawien, verkündet jetzt in seinen Memoiren immer noch die Mär von der »humanitären Intervention«. Deutsche Bomben hätten ein neues Auschwitz verhindert. Wer filmt die Leiden der Frauen und Kinder, die Opfer deutscher Bomben wurden? Oder jener über zehntausend Afrikaner, die bei dem Versuch, die »Freiheit« Europas zu erreichen, vor der Küste Südeuropas ertrunken sind? Statt ihrer sind Havemann, Biermann, Gallus und

Co. die Opfer und Helden. Wo liegen die Gründe?

Muss hier begründet werden, warum sich der Alltag von arbeitenden Menschen von dem von »Dissidenten« unterscheidet? Entstehen Brot, Wohnungen und Wein im Fernsehstudio?

Ist es denkbar, dass Anne Will, Veronica Ferres oder Marianne Birthler behaupten wollen, »Die Frau vom Checkpoint Charlie« sei eine typische DDR-Frau? Entsprach ihr Denken und Handeln wenigstens einem Prozent der DDR-Frauen? In der Sächsischen Zeitung vom 8. Oktober 2007, die Jutta Gallus/Fleck eine ganze Seite zur Verfügung stellte, sagte die Heldin: »Von 1963 bis zu meiner Inhaftierung 1982 bin ich ein weißes Blatt Papier.« Erst mit ihrer Haft begann ihre Biographie? Wie erklärt sich das?

Weitere Fragen wären zu stellen:

Was hat die Ratgeber der Gallus veranlasst, sie zu finanzieren? Wie viel Steuergelder haben diverse Geheimdienste verpulvert, um ihre Auftritte beim Papst und in »Helsinki« zu finanzieren? Was hat die Produktion des Films gekostet? Welche Honorare sind für die Werbung gezahlt worden? Was hat Jutta Gallus für die Vermarktung ihrer Biographie erhalten? Warum? Jede »Freiheit« hat ihren Preis.

Aus verlässlicher Quelle wurden mir einige Details mitgeteilt:

Die schon oft zitierte Ines Veith hat 2003 ein Gespräch mit Jutta Gallus geführt und danach eine Kurzgeschichte (Ideenskizze) geschrieben. Sie hat diese Skizze dem UFA-Produzenten Sauer zur Verfilmung vorgeschlagen. Der MDR beteiligte sich besonders stark, weil es sich um ein typisches DDR-Thema handelt, dessen Geschichte in Dresden beginnt. Es beteiligten sich an den Kosten:

MDR	1.300.000 €
Degeto	1.100.000 €
ARTE	240.750 €
BR	800.000 €
RBB	400.000 €
ARD gesamt brutto	3.840.750 €
Gesamtfestpreis	4.445.000 €

Die Honorare, die möglicherweise dem Datenschutz unterliegen, werden hier nicht genannt.

Jutta Gallus sagte, sie sei vom offiziellen Bonn damals als »Störfaktor« betrachtet worden. Objektiv war sie es. Jeder, der Verantwortung für andere fühlte, wusste, dass die Entspannung eine Frage des Überlebens war. Brandt, Kohl und Bahr wussten das und sagten, dass ein Krieg auf deutschem Boden das Ende der Deutschen wäre. (Brecht: Das große Karthago führte drei Kriege... Nach dem dritten war es nicht mehr auffindbar.) Jutta Gallus scheint das alles nicht gewusst zu haben.

Doch warum will sie heute noch »Störfaktor« sein? Frau Gallus ist, gibt das schon erwähnte Werbeheft »mittendrin« Auskunft, heutzutage »in der Werbebranche tätig«[2], laut Tagesspiegel ist sie »Medienberaterin«[3]. Was immer sich hinter diesen allgemeinen Tätigkeitsbeschreibungen verbergen mag, wir dürfen das als einen Hinweis auf das mutmaßliche Eigeninteresse der Medienberaterin verstehen. *Wer* aber will mit ihrer Hilfe »Störfaktor« sein? Wer ist für die Lügen im Film verantwortlich?

Den Kantschen kategorischen Imperativ ließ sie nicht gelten, der verlangt, anderen keinen Schaden zuzufügen. Und zu ihrem Begriff von »Freiheit« scheint auch das Recht zum Lügen zu gehören.

Zu den Lügen (in MDR-Jargon »Dramatisierung«[4]) bei der Vermarktung der Gallus-Story gehören,

- *dass ein »Stasi-Romeo« auf sie angesetzt gewesen sei.*
  Sie wollte nach der Scheidung von ihrem Mann mit ihrem Partner und dessen Kindern ausreisen;
- *dass ein »V« (Verräter) in die Haut geschnitten worden sei;*
- *dass ein Killerkommando auf Gallus angesetzt worden sei,* das sie bis Helsinki (!) verfolgt habe;
- *dass die »Stasi« den Kindern vorgegaukelt hätte, ihre Mutter sei gestorben.*

Hier ist die Gelegenheit, auf die Rolle der Kinder in diesem Propaganda-Film einzugehen. Sie machen nicht den »verzwergten« und schüchternen Eindruck, den sie nach den Urteilen der Pfeiffer und Gauck nach ihrer fürchterlichen Schulzeit unter Margot Honecker machen müssten. Sie sind selbstbewusst, geradezu keck und ausdrucksfähig. Aber auch sie spielen ihre »Opfer«-Rolle mit. Dabei wissen sie: Sie wurden nicht von »linientreuen« Genossen zwangsadoptiert, sondern dem leiblichen Vater übergeben, nachdem die Mutter im Interesse ihrer Ausreise auf das Erziehungsrecht verzichtet hatte. Die BRD-Behörden wussten von den Vorgängen und somit auch, dass das Verhalten der DDR nach internationalem Recht nicht zu beanstanden war. Die Kinder wurden vom leiblichen Vater betreut und keineswegs von jemandem schikaniert. Das Ehepaar, das im Film die Vormundschaft der Mädchen übernimmt, ist erfunden. Die Schul- und Freizeit der Mädchen verlief »normal«. Sie durften auch in Fernsehfilmen wie »Geschichten übern Gartenzaun« mitwirken, was sich wohl förderlich auf ihr selbstsicheres Auftreten ausgewirkt hat.

Die Mutter erhielt jeweils am Sonnabend vormittag die Möglichkeit, die Fernsehauftritte ihrer Töchter als Wiederholungssendung zu sehen. Diese Auftritte als besondere Schikane der »Stasi« zu werten[5], bedarf vielleicht einer besonderen Ausprägung des »Stasi-Syndroms«. (Und wie würde ein Psychologe ein Schild werten, auf dem steht: »Unsere Kinder – vom DDR-Fernsehen zwangsverpflichtet«, zu sehen auf einem Foto der Frau Gallus am Checkpoint Charlie?)

Der leibliche Vater Christian Gallus würde wohl Ergänzendes zu sagen haben, insbesondere über die Entscheidung auf höchster Ebene 1988, wonach die Kinder zur Mutter gehören, was zur kurzfristigen Übersiedlung am 25. August 1988 führte. Niemand in der DDR hat ungesetzlich gehandelt. (Dresdner wissen, dass bei den »Ausreisen« Anfang Oktober 1989 Dutzende Mütter ihre Kinder auf dem Bahnhof zurück gelassen haben, die vom Roten Kreuz betreut werden mussten, bis sie untergebracht waren.)

Nicht (nur) Erinnerung ist, wie sich jüngst auch Beate Gallus, die tanzende Tochter der Jutta Gallus vermarkten lässt. Disy, das »Magazin der Dresdner (welcher?) Gesellschaft«, verzichtete 2007 fünf Monate lang auf ihre Chefredakteurin Anja K. Fließbach, die Beate Gallus auf einem Luxusschiff begleitete. An Geld und Zeit scheint es der Chefredakteurin nicht zu mangeln. Ergebnis ihrer fünfmonatigen »Arbeit« war der Bericht »Das Dresdner Mädchen vom Checkpoint Charlie«, der im »Winter 2007« abgedruckt wurde. Der Text verrät den Geist der Autorin und die Absicht der Herausgeber: »Flucht, Heim, Lügen und Verrat, Sehnsucht nach der Mutter – die Geschichte von Beate Gallus bewegte die Nation.«

Hieß es schon im Hinblick auf die »Nation«: Wir sind Papst! Wir sind Weltmeister!, so kommt jetzt hinzu: Wir sind Beate Gallus!

Und warum? Was erfuhr Anja K. Fließbach in den fünf Monaten Begleitung von Beate Gallus? »Ich habe gelernt zu kämpfen.« Wofür wohl? »Ich ging damals [in Dresden] vier mal pro Woche ins Ballett, zum Jazz und zum Steppunterricht.« Und nun kann sie in der »Freiheit« von dieser »totalitären« Ausbildung Gebrauch machen.

DISY, Winter 2007

Fließbach fügte an: Die Kinder »kamen in eins der berüchtigten Heime ..., wo die Schwestern nicht mit Namen, sondern mit

Nummern angesprochen wurden.« So weit gingen nicht einmal die Filmemacher. Wo, Frau Fließbach, stand denn dieses Heim? Glauben Sie Ihren eigenen Behauptungen? Zum Glück: »Das DDR-Regime und die Erlebnisse während der sechs Jahre, die Beate von ihrer Mutter getrennt war, konnten sie nicht brechen.«

Ist damit ausreichend geklärt, warum Beate Gallus heute auf den Thron des »Mädchens vom Checkpoint Charlie« gehievt wird?

Anja K. Fließbach fand Beate Gallus als Chefchoreographin und Co-Chefin eines Showensembles auf einem Luxusliner, verlobt mit dem belgischen Leiter der Truppe. Der »verordnete« Besuch der Palucca Schule in Dresden hat sich für sie also gelohnt.

Das alles ist Erinnerung wie die Geschichte der Jutta Gallus, die nun nicht nur Fernsehgeschichte wurde. Zum Resümee gehört: Der Film erzählt nicht die »wahre Geschichte der Jutta Gallus«, sondern ist eine zweck- und interessenbestimmte Fälschung und Klitterung von DDR-Geschichte. Er ist Teil der staatlich verordneten Kampagne zur Verteufelung der DDR. Diese Kampagne ist ihrerseits ein Reflex und Folge der gescheiterten offiziellen »Wiedervereinigungs«-Politik. Die offizielle Politik braucht einen neuen »Feind« (den »Juden« von heute?), der als »Sündenbock« gejagt wird, u. a., um von den wirklichen Problemen abzulenken und den Zorn und die Enttäuschung der meisten Ostdeutschen zu kanalisieren. Die Folgen, insbesondere für das »Funktionieren« der (bürgerlichen) Demokratie, sind noch nicht abschätzbar. Verlogene Ideologie ersetzt nicht vernünftige Politik. Immerhin hat sich ja Anja K. Fließbach von Prinz Ferfried von Hohenzollern, dessen Mutter die älteste Tochter des letzten Sachsenkönigs ist, sagen lassen: »Die verlogenste Kaste, die es überhaupt gibt, sind die Politiker.«[6]

Zu streiten ist, ob viele Medienmacher auch nicht besser sind.

9 Der MDR und Christian Gallus

»Mit dem Maß, mit dem ihr messet,
wird man euch wieder messen.«
(Lukas 6.38)

Der MDR verbreitet die Monatszeitung »mittendrin«, um für sein Programm zu werben. In der Ausgabe 9/2007 war auf dem Titelblatt Veronica Ferres mit dem Text »Gebt mir meine Kinder zurück!« zu sehen.

Auf den Seiten 2–5 wird Mitteln der Massenpsychologie für den Film »Die Frau vom Charlie« geworben.

An Fakten wurde mitgeteilt:

- Zwei Monate wurden gebraucht, um den Film zu drehen.
- »Nicht alles, was im Film erzählt wird, ist genau so passiert. Doch er basiert auf einer wahren Geschichte.«
- »Jutta Gallus hat es wirklich gegeben.«
- Auch »die beiden Männer an der Seite von Sara [der Hauptheldin, H. Sch.] hat es so nicht gegeben.«

- »Abgeändert und im wahrsten Sinne dramatisiert wurde der Verlauf der Ereignisse, die die Freilassung der Töchter beschreiben.«

Und hier liegt wohl des Pudels Kern: Unter Missbrauch einer tatsächlich tragischen Familiengeschichte soll suggeriert werden, in der DDR seien Kinder ihren Eltern, in diesem Fall der Mutter, geraubt worden. Das passt in die politische Aufgabe, die Film und Fernsehen auftragsgemäß erfüllen, die DDR in ein rechtloses, kinderfeindliches Monster zu verwandeln. Wenn diesen Film 9 oder 10 Millionen Zuschauer gesehen haben, ergänzt durch das Interview, das ausgestrahlt wurde, heißt das, dass nicht nur ein einseitiges und falsches Bild entstand, sondern latente antikommunistische Gefühle geschürt wurden. Veronica Ferres verstieg sich zu der Behauptung: »Familientrennung wurde in der DDR eingesetzt, um Menschen zu brechen.«[1] Gegenfrage: Wozu wurde die Schauspielerin »eingesetzt«?

In der schon zitierten Ausgabe »mittendrin« lässt ein feiger Anonymus den Satz drucken: »Mehrfach äußerte Jutta Fleck später den Verdacht, dass der Vater der Kinder selbst für die Stasi gespitzelt habe. Ein Verdacht, der bis heute nicht ausgeräumt, aber auch nicht bewiesen wurde.«

Wer in seiner Umgebung oder selbst erlebt hat, welche Wirkung der Vorwurf hat, »Stasi-Spitzel« gewesen zu sein, wird zu dem schmutzigen Mittel nicht greifen, unbewiesen jemanden als »Stasi-Spitzel« zu verteufeln. Immerhin sollte auch für Journalisten Artikel 1 des Grundgesetzes gelten: Die Würde des Menschen ist unantastbar.

Christian Gallus fiel »mittendrin« in die Hände und versuchte, sich zu wehren. Am 11. September 2007 schrieb er seiner Exfrau: »Ich fordere Dich auf, an allen Stellen solcher Veröffentlichungen Entschuldigungen zu veranlassen, die Darstellung widerrufen zu lassen und alle weiteren Veröffentlichungen zu meiner Person zu unterlassen.«

Jutta Fleck (Gallus) antwortete am 20. September 2007 und behauptete, sie habe der Zeitschrift kein Interview gegeben! »Wer auch immer in der Öffentlichkeit über diesen Aktenvorgang Auskunft gegeben hat, muss eine andere Quelle als mich benutzt haben... Vermutlich handelt es sich, wie so oft bei Journalisten, um ein Missverständnis.«

Wer spielt »Schraps hat den Hut verloren« mit?

Christian Gallus hat sich am 11. September 2007 auch beim MDR beschwert. Im Auftrag des Intendanten des MDR, Prof. Dr. Reiter, antwortete dessen Rechtsexperte Mario Meckel. Zunächst bedauerte er, dass Christian Gallus »verärgert« ist. Aber im übrigen sei alles in Ordnung gegangen.

Die Begründung Meckels sollte sorgfältig gelesen werden: »Zunächst ist festzustellen, dass Sie in dem fraglichen Artikel weder persönlich namentlich benannt sind noch sind Hinweise auf Ihren Wohnort enthalten. Um eine Verletzung von

Persönlichkeitsrechten geltend machen zu können, bedarf es jedoch grundsätzlich einer Berichterstattung, in der man durch eine namentliche Benennung und geografisch klare Zuordnung eindeutig identifizierbar ist. Daran fehlt es vorliegend. Schon deshalb sind presserechtliche Ansprüche Ihrerseits nicht gegeben.

Aber auch davon abgesehen sind Ihre Persönlichkeitsrechte durch die Berichterstattung nicht verletzt. Der von Ihnen zitierte Absatz aus dem Artikel ist als Äußerung eine wahre Tatsache. Denn die Aussage wurde von Ihrer früheren Ehefrau tatsächlich geäußert und nicht von »mittendrin« als eigene Behauptung aufgestellt – dies geht auch unzweifelhaft aus dem Beitragstext hervor. Für die Äußerung Ihrer früheren Ehefrau liegen uns mehrere Belege vor. Die Tatsachenbehauptung, dass Ihre frühere Ehefrau den Verdacht der Stasi-Mitarbeit geäußert hat, ist somit korrekt. Zu dem Inhalt selbst der Äußerung Ihrer früheren Ehefrau wurde in der ›mittendrin‹ mitnichten die Behauptung aufgestellt, Sie hätten mit der Stasi zusammengearbeitet. Vielmehr wurde – journalistisch und juristisch korrekt – formuliert: ›Ein Verdacht, der bis heute nicht ausgeräumt, aber auch nicht bewiesen wurde‹. Auch dies ist sachlich richtig. Insoweit ist die in der ›mittendrin‹ verwendete Formulierung zutreffend und korrekt.

Wie einleitend bereits erwähnt, bedaure ich Ihre Verärgerung. Insgesamt kommt jedoch aus vorangegangenen ausführlich beschriebenen Gründen ein Widerruf bzw. eine Unterlassung nicht in Betracht.

Grundsätzlich können Sie versichert sein, dass Filme und Beiträge beim MDR unter Beachtung der journalistischen Sorgfaltspflicht entstehen und die Mitarbeiter des MDR sich in der Berichterstattung – gleiches gilt auch für den Bereich des fiktionalen Films – an die geltende Rechts- und Gesetzeslage halten. Insbesondere als Teil des öffentlich-rechtlichen Rundfunks sieht sich der MDR der Wahrung der Persönlichkeitsrechte besonders verpflichtet. Vor diesem Hintergrund hoffe ich, Sie können für das Ergebnis der Prüfung Ihres Anliegens Verständnis finden. Sollten Sie dazu Rückfragen haben, stehe ich Ihnen selbstverständlich gerne zur Verfügung.«

Darf nun der Leser fragen:

- Würde, wenn über Prof. Reiter etwas Ehrenrühriges im Fernsehen behauptet wird, auch noch die »geografisch klare Zuordnung« gehören, damit er »eindeutig identifizierbar« ist?
- Wird etwas erst eine »wahre Tatsache«, wenn nicht »mittendrin«, sondern es die »frühere Ehefrau« geäußert hat? (Diese Ehefrau beteuert, das nicht gesagt zu haben.)
- Darf X oder Y auch einen »Verdacht« über Prof. Reiter äußern, wenn – »journalistisch und juristisch korrekt« – nachgeschoben wird, dass er »nicht bewiesen« ist? (Beispiel: X ist ein Kinderschänder, aber bewiesen ist das nicht.)
- Ob Filme und Beiträge beim MDR »unter Beachtung der journalistischen

Sorgfaltspflicht entstehen«, darf auch der Zuschauer beurteilen. Wer sonst?

Die Rechtsanwälte Schertz/Bergmann, die die UFA-Fernsehproduktion GmbH vertreten, drohten Christian Gallus sogar »nachhaltig«, Dritten gegenüber zu behaupten, dass der Film seine Persönlichkeitsrechte verletze: »Sollten Sie entgegen dieses klaren Hinweises erneut die Behauptung aufstellen, würden wir gegen Sie unverzüglich sämtliche denkbaren rechtlichen Schritte einleiten, insbesondere und Schadenersatzansprüche geltend machen.«

Ich folgere für meine Person aus dieser Logik: Würde ein Film über mich entstehen, in dem *ich* meine Persönlichkeitsrechte verletzt sehe (laut Grundgesetz ist meine Würde unantastbar) wurden ***andere*** darüber entscheiden, ob ich das so sehen darf oder nicht. Und sie würden mit Strafen verhindern, dass ich ***meine*** Gefühle ausdrücken darf. Abstrahiert: Die Filmleute hätten eine unbegrenzte Freiheit zur Verleumdung und Lüge, ich dagegen nicht die geringste Chance, mich dagegen zu wehren. Ist das die vielgerühmte »Chancengleichheit«, die in Regierungserklärungen versprochen wird?

Es bleibt zum Schluss die Frage, warum die Medienstrategen der Bourgeoisie so viel Geld und Mühe aufwenden, um das Weltbild der Gallus/Ferres als verordnetes Geschichtsbild über die DDR für alle Deutschen zu diktieren. Die Antwort können wohl nur die Strategen selbst geben. Das Thema jener Historiker, die sich mit der DDR-Geschichte am 7. November 2007 beschäftigten, lautete: »Welcher gesellschaftliche Stellenwert kommt der Aufarbeitung der SED-Diktatur für die Stabilität unserer demokratischen Ordnung und ihres gesellschaftlichen Wertverständnisses zu?«

Eben auf jener Sitzung sprach Martin Sabrow über die Wirkung des Films »Die Frau vom Checkpoint Charlie«. So schließt sich der Kreis von politischer Strategie, Fälschung des Geschichtsbildes und psychologischer Manipulation mit Filmstorys.

10 Wächst zusammen, was zusammengehört? *Zum Exempel: Familie Gallus*

»Ihr könnt nicht Gott dienen und dem Mammon... Niemand kann zween Herrn dienen.« (Matth. 6.24 und Lukas 16.13)

Wir haben das Schicksal der Familie Gallus verfolgt, und wir wissen, dass manche Tragik und Härte in ihrem Leben Ergebnis der Blockkonfrontation und der den Gesetzen des Kalten Krieges folgenden Politik beider deutscher Staaten war. Dass 1989/90 eine welthistorische Zäsur eintreten würde, vermutete nach seinen eigenen Worten nicht einmal Helmut Kohl. In der DDR vollzog sich Ende 1989 eine Entwicklung, die jetzt amtlich »friedliche Revolution« getauft wurde, obwohl sie aus der Sicht (nicht nur) vieler DDR-Bürger der Vormarsch der imperialistischen Konterrevolution auf das Gebiet der DDR war. [1]

Manche Historiker, unter ihnen Hubertus Knabe, Michael Richter und andere, betonen die »Friedlichkeit« der Revolution, die aber weitgehend vom Verhalten der DDR-Führung abhing, und der »Verrechtlichung« der Revolution, mit der Gewalt vermieden worden sei.[2]

Nun hat die Gewalt viele Gesichter, von der »sanften Gewalt der Vernunft« (Bert Brecht) über die Gewalt der öffentlichen Meinung (heute zentral gesteuert) bis zum Gummiknüppel gegen Demonstranten. Gewalt ist ein entscheidendes Merkmal imperialistischer Politik, auch in Gestalt des Krieges und der Strafgesetzgebung. Manchmal hat die Justiz auch subtile Mittel parat. Wir analysierten das am Fall des Christian Gallus und seiner Angehörigen.

Wir gehen davon aus, dass schon der »Sachsenspiegel« vor 800 Jahren vorschrieb »alle beede« zu hören, wie es korrekte Richter bis heute tun. (Bei Journalisten, so mein Eindruck, kommt das kaum noch vor.)

Wir wissen: Jutta Gallus hatte seit 1988 durch den »Freikauf«, den Rechtsanwalt

Vogel vermittelt hatte, ihre Töchter wieder. Für alle drei war die Freiheit grenzenlos, wie Ines Veith in ihren Büchern schrieb.

Für Christian Gallus, den DDR-Bürger, begann 1990 der soziale Abstieg, obwohl Helmut Kohl trompetet hatte, vielen werde es besser gehen, niemandem schlechter. Christian Gallus gehörte zu den »Niemands«, die arbeitslos wurden. Was seine Beziehungen zur Ex-Frau und den Töchtern betrifft, waren sie juristisch definiert.

Im Gerichtsurteil vom 11.8.1988, das die Übergabe des Erziehungsrechts von Christian Gallus an die geschiedene und in der Bundesrepublik lebende Jutta Gallus festlegte, hieß es: *»Die Mutter ist, nach ihrer Erklärung vom 28. Juli 1988, bereit und in der Lage, die Töchter Claudia und Beate bei sich aufzunehmen und künftig für sie zu sorgen.«*[3]

Dieses Urteil spielte im Rechtsstreit der folgenden Jahre eine große Rolle. Wären die Mädchen in der DDR geblieben, hätten sie (bis 1989) das Bildungssystem der DDR nutzen können, das allen Bürgern Bildungschancen garantierte. Bildungsmöglichkeiten gab und gibt es auch in der BRD, wenngleich unter anderen Bedingungen – Geld ist die erste. Und das wussten Jutta Gallus und ihre Töchter 1990 auch. Für sie bedeutete die »friedliche Wiedervereinigung« zuerst, sich des Vaters und seiner »Unterhaltspflicht« zu erinnern – denn ihre (Aus-)Bildung wollte finanziert werden. Und so begann im Oktober 1990 ein unappetitlicher Rechtsstreit, der sich bis 1997 hinzog.

Die Analyse der Dokumente ermöglicht auch einem juristischen Laien wie mir, den Satz Platons zu verstehen: Das größte Unrecht ist das Unrecht im Gewande des Rechts.

Jutta Gallus, unterstützt von ihren Töchtern Beate und Claudia, beauftragte das Rechtsanwaltsbüro Jutta Wendel, Berlin, den Vater zur Unterhaltszahlung zu zwingen.

Der erste Brief, den Christian Gallus von Jutta Wendel erhielt, stammt vom 23. Oktober 1990, also unmittelbar nach dem Tag, an dem nicht wenige DDR-Bürger noch im Einheitsrausch lebten, aber von der neuen Wirklichkeit eiskalt überrascht wurden. Insofern ist der Brief typisch und symbolisch zugleich. Der Inhalt des Briefes: *Jutta Gallus forderte Unterhalt für ihre beiden Töchter.* Mit diesem Brief begann ein erbitterter Rechtsstreit, der bis 25. Juli 1997 dauerte, Christian Gallus also sieben Jahre beschäftigte. Der Leitz-Ordner, der den Schriftverkehr enthält, verzeichnet achtundachtzig Vorgänge auf 273 Blatt Papier. Manchem Brief waren Kopien von Dokumenten beigefügt, in einem Fall 19 Blatt.

Christian Gallus drückte in seinem ersten Brief an Rechtsanwältin Jutta Wendel vom 4. November 1990 seine Bereitschaft aus, zur Unterhaltszahlung beizutragen, machte aber darauf aufmerksam, dass ihm gekündigt worden sei, er also vom Arbeitslosengeld leben müsse. Am 2. Januar 1991 teilte die Rechtsanwältin Jutta Wendel mit, dass Christian Gallus monatlich 135 DM für jedes Kind zu zahlen habe.

Am 17. Februar schrieb der Vater an seine Töchter, rechnete ihnen sein Arbeitslosengeld – 206,40 DM pro Woche – und schlug ihnen vor, monatlich 200 DM zu überweisen. Solche Überweisungen (Einzahlungskopien belegen das) erfolgten in den folgenden Monaten.

Der Streit eskalierte, als Rechtsanwalt Clemens Poelt aus Peissenberg Christian Gallus am 22. Juli 1992 die Kopie einer Prozessvollmacht übersandte. Christian Gallus traf es hart, dass auch die Töchter zu prozessieren bereit waren. Die Zahlungen gingen indessen weiter, obwohl sich die Lage Christian Gallus verschlechterte.

Eine neue Etappe des Rechtsstreits begann, als am 21. September 1993 Rechtsanwalt Hofbauer, München, zunächst Auskünfte über die Einkünfte von Christian Gallus forderte, bald darauf (25. Januar 1994) einen Zwangsversteigerungsantrag stellte und in unmittelbaren Anschluss (10. Februar) für beide Töchter jeweils eine Zwangsvollstreckung über 7.005,00 DM (zuzüglich Antragskosten) beantragte, die

die »Taschenpfändung« (also die »körperliche Durchsuchung«) einschließen sollte.

Im Mai 1994 erreichte Christian Gallus ein Schreiben des Grundbuchamts Dresden, mit der Mitteilung, dass für sein Grundstück eine Zwangsversteigerung angeordnet worden sei. Jetzt, wo es um das elterliche Grundstück ging, das Christian Gallus geerbt hatte und das auf seinen Namen im Grundbuch eingetragen war, bat er die Rechtsanwältin Karin Mayer-Götz um Hilfe, die bis 1997 nötig war. Von September 1994 bis Juli 1997 erfolgte die Auseinandersetzung um die Zwangsversteigerung oder ihre mögliche Verhinderung.

Der Prozess sollte ursprünglich am Montag, 19. September 1994 um 9.30 Uhr stattfinden, wurde aber auf Antrag von Rechtsanwalt Hofbauer verlegt. Mehrmalige Terminverlegungen veranlassten Christian Gallus in einem Schreiben an Rechtsanwältin Meyer-Götz die Frage aufzuwerfen, ob es der Gegenseite gelingen könnte, die festgelegten sechs Monate bis zur Zwangsversteigerung zu überbrücken.

Am 11. Oktober 1994 versuchte Rechtsanwalt Hofbauer unter Aufzählung mancher Unklarheiten im Streit und Unwahrheiten seiner Mandantin, die Zwangsversteigerung durchzusetzen. Da beide Töchter mit der Mutter vereint den Prozess betrieben, ergibt sich für den Unbeteiligten die Frage: Was hätten sie davon gehabt, wenn sie den Vater in den Bankrott getrieben hätten? Wofür mussten sie sich rächen?

Als schließlich am 26. Oktober 1994 der Prozess in Sachen Zwangsversteigerung des Hauses von Christian Gallus stattfand, waren zwar Christian Gallus und seine Rechtsanwältin Karin Meyer-Götz da, aber niemand aus München.

Das Gericht erklärte die Zwangsvollstreckung für unzulässig. Die Kosten des Verfahrens hatten die Beklagten zu tragen.

Was Jutta Gallus ihrem Rechtsanwalt zahlte, ist nicht bekannt, auch nicht, wer für das finanzielle Fiasko aufkam. Herr Löwenthal wird es kaum mehr gewesen sein.

Rechtsanwalt Josef E. Hofbauer legte am 7. Dezember 1994 Einspruch ein und seine Begründung wäre einer umfassenden Analyse würdig.

Hier wird nur auf den Abschnitt 3 seiner Begründung hingewiesen: *»Das Urteil vom 29. 02. 1984 [Frage des Erziehungsrechts, H. Sch.] ist darüber hinaus rechtswidrig und kann keine Rechtswirkung entfalten, da die Entscheidung nach heute geltendem Recht mit rechtsstaatlichen Grundsätzen nicht vereinbar ist.«*

Dieser Rechtsanwalt scheint ein arger Schelm zu sein. Menschenrechtsartikel, die rückwirkendes Recht verbieten, setzt er mit einem Federstrich außer Kraft. Da es damals um die beiden Töchter der Jutta Gallus ging, die wegen Rechtsbruchs im Gefängnis saß, hätten die beiden wohl im Wald ausgesetzt (oder in einem Heim untergebracht, oder – wie im Film behauptet – »zwangsadoptiert«) werden sollen, statt vom Vater erzogen und betreut zu werden. Und, wie Rechtsanwalt Hofbauer in seinem Einspruch an das Gericht im

Punkt 6 behauptet, der Vater hätte mit der Betreuung seiner Kinder auch noch eine Straftat begangen. Der Rechtsanwalt teilte außerdem mit, dass sich seine Mandantin gerade bei der Akteneinsicht in der Gauck-Behörde befinde, wozu sie Zeit brauche.

Am 22. März 1995 fand eine weitere Verhandlung in der Sache »Unzulässigkeit der Zwangsvollstreckung« statt.

In der sechsseitigen Urteilsbegründung lautet der Kernsatz: *»Das Urteil vom 29. 02. 1984, das Christian Gallus das Erziehungsrecht zusprach, war rechtswirksam.«*[4] Die »gerechte Richterin« heißt Maciejewski.

Am 2. August 1995 nahm Josef E. Hofbauer, sicherlich mit Zustimmung der Exfrau und der Töchter von Christian Gallus, den Antrag auf Zwangsversteigerung zurück. Jutta Gallus hatte die Kosten des Verfahrens zu tragen, die vom Gerichtsvollzieher auf 1.622,36 DM beziffert wurden. Es bedurfte einiger Monate und der Drohung mit Zwangsvollstreckung, bis im Juli 1997 Jutta Gallus die vom Gericht festgelegte Summe bezahlt hatte.

Am Ende des Abschnitts bleibt festzustellen: Der Prozess Gallus gegen Gallus hat, insbesondere wegen der Haltung der Töchter, Christian Gallus viel Leid zugefügt, aber er ist - leider - nur ein Mosaikstein in dem Puzzle, das sich »juristische Rehabilitation« nennt. Daran war auch ein Dresdner Gericht beteiligt, das Jutta Gallus rehabilitierte.

Im Beschluss des 1. Senats für Rehabilitierung beim Bezirksgericht Dresden vom 14.03.1991, Jutta Gallus betreffend, heißt es: *»Die Betroffene hat ... nur von ihrem Grundrecht der freien Entfaltung der Persönlichkeit Gebrauch gemacht, in dem sie versucht hat, auf die geschilderte Weise in die Bundesrepublik Deutschland zu gelangen. ... Durch die Verurteilung ... ist der Betroffenen schweres Unrecht zugefügt worden.«*[5]

Weltweit gilt dagegen die Regel: Wer gegen Gesetze verstößt, macht sich strafbar. Er ist »Opfer« seiner eigenen Handlung.

Die DDR-Bürger, die nach 1990 mit dem BRD-Recht in Berührung kamen, ob bei der Durchsetzung des Prinzips »Rückgabe«, als »staatsnahe« Richter oder Staatsanwälte oder als »abgewickelte« Wissenschaftler wissen inzwischen ziemlich genau, wem das Recht dient.

Abraham Lincoln stellte einst fest: »Man kann alle Leute einige Zeit zum Narren halten und einige Leute allezeit; aber alle Leute allezeit zum Narren halten, kann man nicht.«

Epilog

Die Kinder sind in alle Welt zerstreut,
aber jedes hat an Stelle
der verschwundenen Erbschaft
den Atem des Elternhauses
wie ein Stück von Vaters Totenhemd
mitgenommen.
(Bella Chagall: Brennende Lichter)

Vor vierzig Jahren, am 4. April 1968, wurde Martin Luther King ermordet, weil er einen Traum zu verwirklichen versuchte. Diesen Traum hatte er im August 1963 vor 250.000 Demonstranten in Washington offenbart: »Ich habe einen Traum, dass meine vier kleinen Kinder eines Tages in einer Nation leben werden, in der sie nicht nach ihrer Hautfarbe, sondern nach ihrem Charakter beurteilt werden.«[1]

Menschen sollten nach ihrem Charakter beurteilt werden!

Von Stund an erklärte FBI-Direktor Hoover den »Träumer« zum »gefährlichsten und wirkungsvollsten« Führer der Schwarzen, der überwacht, abgehört und von wichtigen Medien denunziert wurde. Sein Märtyrertod ist Vermächtnis für die, die *allen* Kindern der Welt eine glückliche Zukunft wünschen.

Auch Kurt Biedenkopf, nach 1990 für mehr als ein Jahrzehnt sächsischer Ministerpräsident, hatte einen »merkwürdigen Traum«. In seinem Tagebuch teilte er ihn unter dem Datum vom 12. September 1990 den Lesern mit: »Wir wohnten in unserem Haus am Chiemsee; der Garten war ähnlich wie in Wirklichkeit, aber weitläufiger. Am hinteren Gartentor standen einige Menschen brauner Hautfarbe. Sie hatten das Tor geöffnet, zögerten aber, in den Garten einzudringen. Plötzlich kamen weitere Menschen in weißen Gewändern, zum Teil mit Turbanen oder weißen Kopfbedeckungen. Sie warfen Abfall in den Garten, zum Teil in zerbeulten Behältnissen. Eines dieser Behältnisse flog in die Nähe des Hauses und fing an zu brennen. Die Menschen fingen an, in den Garten einzudringen. Ihnen voran kam ein kräftiger, groß gewachsener Mann mit weißem Turban und weißem Gewand auf mich zu. Er hielt einen schweren Gegenstand in der Hand, mit dem er mich offenbar angreifen wollte. Dann endete der Traum. Ich habe in der Vergangenheit viel über die Gefahr eines Einwanderungsdrucks aus dem Süden auf Europa gesprochen. Dies war wohl eine Umsetzung dieser Gedanken in Bilder.«[2]

Der »Träumer« Biedenkopf fragte sich sorgenvoll: »Können wir die Menschenrechte noch aufrechterhalten, jetzt, wo sie allenthalben anerkannt werden, wenn fremde Völker in unser Land drängen, unsere kulturellen Wurzeln bedrohen?«

Biedenkopf formulierte *seine* Antwort: »Die Fortführung unserer Lebensweise ist nur möglich, wenn sie auch in Zukunft einer privilegierten Minderheit in den entwickelten Industrienationen vorbehalten bleibt.«

Eine Korrektur hielt (hält?) Biedenkopf für »schwer vorstellbar«, und sie würde

»uns« zwei Generationen Zeit kosten. (Er musste 1990 noch nicht wissen, was drei Jahre später die UNO-Menschenrechtskonferenz in Wien beschloss: *Alle* Menschenrechte für *alle* Menschen. Als Christ durfte er jedoch wissen, dass vor Gott alle Menschen gleich sind.)

Was zeigt der Vergleich? »Träume« können Menschenrechte recht unterschiedlich widerspiegeln. Martin Luther King sorgte sich um die Gleichstellung aller Kinder, Biedenkopf um die privilegierte Stellung einer weißen Minderheit.

Und Jutta Gallus kämpfte, auch mit dem Plakat am Checkpoint Charlie, gegen Menschenrechtsverletzungen der DDR. Dass die »Stasi« ihre Kinder verschleppt habe, wurde, obwohl Lüge, von den Medien suggeriert, die sich aufs Manipulieren verstehen, aber auch mancher Gutgläubige geht – bis heute – solchen Gruselstorys auf den Leim.

Hat der Vorwurf der Jutta Gallus wenigstens einen Schimmer von Berechtigung?

Eines der Plakate, die Jutta Gallus sich am Checkpoint Charlie umhängte. Es ist auf einem Foto im FOCUS (Ausgabe 39/2007 auf S. 169) zu sehen.

Jeder, der an der Wahrheit interessiert ist, möge das in der Charta des Kindes selbst prüfen.[3]

Die »Erklärung der Rechte des Kindes« wurde von der UNO-Vollversammlung am 20. November 1959 angenommen, mit der Aufforderung an die nationalen Regierungen »die darin enthaltenen Rechte anzuerkennen und sich um ihre Einhaltung zu bemühen«. Dreißig Jahre später, am 20. November 1989, verabschiedete die UNO die Kinderrechtskonvention als verbindliches Vertragswerk. Fast alle Länder der Erde hatten bis Ende 2006 diesen Vertrag unterzeichnet – Ausnahmen bildeten lediglich die USA und Somalia (in Somalia gibt es wegen des viele Jahre andauernden Bürgerkriegs keine funktionierende Regierung).

Der Deutsche Bundestag stimmte der Ratifizierung der Konvention am 24. Januar 1991 zu[4] (mit Vorbehalten namentlich in Bezug auf Flüchtlinge im Kindesalter – die Abgeordneten-Mehrheit teilte wohl Biedenkopfs Albtraum[5]).

Mit Verkündigung im Bundesgesetzblatt wurde die Kinderrechtskonvention am 17. 2. 1992 geltendes Recht der BRD.

Sie umfasst 54 Artikel.

Für die Staatsorgane (deren Staaten der Erklärung beigetreten sind) hat der Artikel 3 eine besondere Bedeutung:

»(1) Bei allen Maßnahmen, die Kinder betreffen, gleichwohl ob sie von öffentlichen oder privaten Einrichtungen der sozialen Fürsorge, Gerichten, Verwaltungsbehörden oder Gesetzgebungsorganen getroffen werden, ist das Wohl des Kindes ein Gesichtspunkt, der vorrangig zu berücksichtigen ist.

(2) Die Vertragsstaaten verpflichten sich, dem Kind unter Berücksichtigung der Rechte und Pflichten seiner Eltern, seines Vormunds oder andere für das Kind gesetzlich verantwortlicher Personen den Schutz und die Fürsorge zu gewährleisten, die zu seinem Wohlergehen notwendig sind; zu diesem Zweck treffen sie alle geeigneten

Gesetzgebungs- und Verwaltungsmaßnahmen.

(3) Die Vertragsstaaten stellen sicher, dass die für die Fürsorge für das Kind oder dessen Schutz verantwortlichen Institutionen, Dienste und Einrichtungen den von den zuständigen Behörden festgelegten Normen entsprechen, insbesondere im Bereich der Sicherheit und der Gesundheit sowie hinsichtlich der Zahl und der fachlichen Eignung des Personals und des Bestehens einer ausreichenden Aufsicht.«

Zu keinem Zeitpunkt ist den Gallus-Töchtern in der DDR etwas angetan worden, was den Normen des Völkerrechts widersprochen hätte.

Wie der Bundestag im Beschluss vom 13. Dezember 2007 feststellte[6], gab es in der DDR keine staatlich organisierten »Kindesentführungen«. Veronica Ferres sollte also dem Bundestag ihr Wissen mitteilen und ihn von einem groben Irrtum befreien. (Wie oft Verstöße mit fürchterlichen

Folgen für die betroffenen Kinder in der BRD vorkommen, könnte Stoff für viele Recherchen sein, ist aber hier nicht Untersuchungsthema.)

Nachdem ich an die »Träume« Martin Luther Kings und Kurt Biedenkopfs erinnert habe, möchte ich eine Hoffnung aussprechen:

Die *Methode* des Kampfes der Jutta Gallus möge viele Nachahmer finden.

Überall in der Welt sterben unschuldige Kinder an Hunger und Krankheiten, die heilbar sind.

Mögen die Mütter und Väter nicht auf Almosen hoffen, sondern für die Rechte ihrer Kinder kämpfen. Sie können mit ihren Kindern in die deutschen Botschaften kommen! Zu Genschers Zeiten ist praktiziert worden, wie Diplomaten und Gebäude (nicht nur in Prag) für die Durchsetzung von »Menschenrechten«, d.h. die Einreise in die BRD genutzt wurden. Gibt es ein privilegiertes Recht auf Freizügigkeit, das nur für DDR-Bürger galt?

Dokumente aus dem Besitz des Vaters Christian Gallus

»Wir kamen dann zu unserem leiblichen Vater« ...
»So nach'n paar Wochen is' eigentlich fast alles wieder beim Alten gewesen...«

Claudia Gallus, Aussage in der Fernsehdokumentation[1]

»Und er war auch daran bestrebt, eine gewisse Behutsamkeit und auch Verantwortung für uns zu übernehmen. Auf jeden Fall.«

Beate Gallus, Aussage in der Fernsehdokumentation[2]

Christian Gallus

8049 Dresden, den 7. 9. 1982
[redacted]

Rat des Stadtbezirkes West
der Stadt Dresden
Abt. Jugendhilfe

8029 D r e s d e n
[redacted]

A n t r a g

Hiermit beantrage ich bei Ihnen, meine beiden Töchter, Claudia und Beate, in Zukunft bei mir zu Hause betreuen zu dürfen und begründe diesen Antrag wie folgt:

In erster Linie möchte ich erreichen, daß beide Kinder möglichst schnell in geregelte und geordnete Verhältnisse im Rahmen eines eigenen Heimes kommen, um ihre weitere Entwicklung zu sichern. Ich bin der Meinung, daß ihre gewohnte Umgebung, ihre Schulkameraden und andere Bindungen (z. B. Ballett) ihnen wieder Ruhe und Sicherheit geben und daß sie bei mir Geborgenheit und ein Heim finden, wo sie sich wohlfühlen. Beider Kinder haben im letzten Jahr viel durchmachen müssen. Ihr Leben verlief völlig ungeregelt. Beispielsweise haben sie nur zeitweise in der ehemals ehelichen Wohnung, für welche mir das Wohnrecht zugesprochen wurde, gewohnt. Einige Tage waren sie da, dann waren sie wieder tagelang nicht zu sehen. Oftmals kamen sie erst zwischen 21.00 Uhr und 22. 00 Uhr nach Hause, obwohl sie am nächsten Tag in die Schule gehen mußten. Die schulischen Leistungen von [redacted] sind in diesem Jahr stark zurückgegangen. Vom Gericht wurde mir der Umgang mit den Kindern zugesprochen. Meine geschiedene Frau versuchte mit allen Mitteln, die Kinder von mir fernzuhalten und mir zu entfremden. Sie durften mich, wie übrigens auch ihren Opa, nicht mehr grüßen und ansehen. Es war jedoch nicht zu übersehen, daß dies nur unter Druck und Zwang meiner geschiedenen Frau geschah. In ihrer Abwesenheit reagierten die Kinder anders. Oftmals besuchten sie mich abends heimlich in meinem Zimmer, wenn meine geschiedene Frau fortgegangen war. Bei diesen Gelegenheiten habe ich mit den Kindern über die Schule und allgemeinen Dingen gesprochen und es vermieden, die Kinder in Zwiespalt in Bezug auf die Erziehung zu bringen.

- 2 -

Auch bei meinem ersten Heimbesuch am 3. 9. 82 sind die Kinder in dem etwa einstündigen Gespräch nach wenigen Minuten der Zurückhaltung und Verschlossenheit förmlich aufgelebt, waren gelöst und aufgeschlossen.

Persönlich traue ich mir zu, die Kinder allseitig betreuen zu können. Ich bin nicht verheiratet. In der Vergangenheit habe ich bei längerer Abwesenheit meiner geschiedenen Frau (Kur, Krankenhaus, Lehrgang) beide Kinder, sowohl im Kleinkindalter, als auch als Schulkinder, ohne fremde Hilfe versorgt.

Zum Pädagogenkollektiv der Schule von Claudia und Beate habe ich als Vorsitzender des Elternbeirates einen guten persönlichen Kontakt, so daß die Gemeinsamkeit zwischen Elternhaus und Schule bei der weiteren Erziehung gegeben sein dürfte. Bei der Einreichung der Scheidung beabsichtigte ich ursprünglich, das Erziehungsrecht für beide Kinder zu beantragen. Auf Anraten meines Rechtsanwaltes habe ich dann jedoch keinen Antrag auf das Erziehungsrecht gestellt. Nun werde ich jedoch parallel zu diesem Antrag beim Gericht beantragen, das Erziehungsrecht der Kinder mir zu übertragen.

Vor der Rückkehr von Claudia und Beate in die ehemals eheliche Wohnung müßte gesichert werden, daß die am 1. 9. 1982 von [redacted] ohne mein Wissen ausgeräumten Sachen wie z. B. Liegen der Kinder, Federbetten und vieles mehr wieder in die Wohnung zurückgebracht werden. Ebenfalls müßten die zur Zeit noch verschlossenen Räume wieder benutzbar sein.

Besonders im Interesse der Kinder möchte ich Sie bitten, die Angelegenheit möglichst schnell zu entscheiden.

Christian Gallus
8049 Dresden, den 7. 9. 1982

Rat des Stadtbezirkes West
Amt Stadt Dresden
Abt.

Hiermit beantrage ich bei Ihnen, meine beiden Töchter, Claudia und Beate, in Zukunft bei mir zu Hause betreuen zu dürfen und begründe diesen Antrag wie folgt:

In erster Linie möchte ich erreichen, daß beide Kinder möglichst schnell in geregelte und geordnete Verhältnisse im Rahmen eines eigenen Heimes kommen, um ihre weitere Entwicklung zu sichern. Ich bin der Meinung, daß ihre gewohnte Umgebung, ihre Schulkameraden und andere Bindungen (z. B. Ballett) ihnen wieder Ruhe und Sicherheit geben und daß sie bei mir Geborgenheit und ein Heim finden, wo sie sich wohlfühlen. Beide Kinder haben im letzten Jahr viel durchmachen müssen. Ihr Leben verlief völlig ungeregelt, Beispielsweise haben sie nur zeitweise in der ehemals ehelichen Wohnung, für welche mir das Wohnrecht zugesprochen wurde, gewohnt. Einige Tage waren sie da, dann waren sie wieder tagelang nicht zu sehen. Oftmals kamen sie erst zwischen 21.00 Uhr und 22. 00 Uhr nach Hause, obwohl sie am nächsten Tag in die Schule gehen mußten. Die schulischen Leistungen von [...] sind in diesem Jahr stark zurückgegangen. Vom Gericht wurde mir der Umgang mit den Kindern zugesprochen. Meine geschiedene Frau versuchte mit allen Mitteln, die Kinder von mir fernzuhalten und mir zu entfremden. Sie durften mich, wie übrigens auch ihren Opa, nicht mehr grüßen und ansehen. Es war jedoch nicht zu übersehen, daß dies nur unter Druck und Zwang meiner geschiedenen Frau geschah. In ihrer Abwesenheit reagierten die Kinder anders. Oftmals besuchten sie mich abends heimlich in meinen Zimmer, wenn meine geschiedene Frau fortgegangen war. Bei

diesen Gelegenheiten habe ich mit den Kindern über die Schule und allgemeinen Dingen gesprochen und es vermieden, die Kinder in Zwiespalt in Bezug auf die Erziehung zu bringen.
Auch bei meinem ersten Heimbesuch am 3. 9. 82 sind die Kinder in dem etwa einstündigen Gespräch nach wenigen Minuten der Zurückhaltung und Verschlossenheit förmlich aufgelebt, waren gelöst und aufgeschlossen.
Persönlich traue ich mir zu, die Kinder allseitig betreuen zu können. Ich bin nicht verheiratet. In der Vergangenheit habe ich bei längerer Abwesenheit meiner geschiedenen Frau (Kur, Krankenhaus, Lehrgang) beide Kinder, sowohl im Kleinkindalter, als auch als Schulkinder ohne fremde Hilfe versorgt.
Zum Pädagogenkollektiv der Schule von Claudia und Beate habe ich als Vorsitzender des Elternbeirates einen guten persönlichen Kontakt, so daß die Gemeinsamkeit zwischen Elternhaus und Schule

bei der weiteren Erziehung gegeben sein dürfte. Bei der Einreichung der Scheidung beabsichtigte ich ursprünglich, das Erziehungsrecht für beide Kinder zu beantragen. Auf Anraten meines Rechtsanwaltes habe ich dann jedoch keinen Antrag auf das Erziehungsrecht gestellt. Nun werde ich jedoch parallel zu diesem Antrag beim Gericht beantragen, das Erziehungsrecht der Kinder mir zu übertragen.
Vor der Rückkehr von Claudia und Beate in die ehemals eheliche Wohnung müßte gesichert werden, daß die am 1. 9. 1982 von [...] ohne mein Wissen ausgeräumten Sachen wie z.B. Liegen der Kinder, Federbetten und vieles mehr wieder in die Wohnung zurückgebracht werden. Ebenfalls müßten die zur Zeit noch verschlossenen Räume wieder benutzbar sein.
Besonders im Interesse der Kinder möchte ich Sie bitten, die Angelegenheit möglichst schnell zu entscheiden.

Christian Gallus

8049 Dresden, den 31. 10 1982 [redacted]

Referat Jugendhilfe
Stadtbezirk Dresden - West

Betr.: Unser Gespräch am Freitag, den 29. 10. 1982

Am Freitag Abend (29. 10. 1982) führte ich ein Gespräch mit Herrn [redacted], Frau [redacted] und deren Tochter, [redacted]. Ich erzählte ihnen, daß mir von der Jugendhilfe ein Schreiben meiner geschiedenen Frau zur Kenntnis gegeben wurde, worin sie mir vorwirft, ich würde mich an Kindern vergreifen und Kinder mißbrauchen. Als Beispiel dafür sei ihre Tochter [redacted] angeführt. Ich bat um Aufklärung. Frau [redacted] erklärte dazu folgendes:
Vor einigen Jahren, [redacted] war etwa 12 Jahre, war ihre Tochter bei uns zu Hause. (Die Kinder sind eng miteinander aufgewachsen.) Zugegen waren meine beiden Töchter, [redacted] und ich. Ich hätte den Kindern Märchen vorgelesen. Anschließend hätten wir alle zusammen auf der Liege herumgetobt. Dabei hätte ich [redacted] geküßt. [redacted] wäre an diesem Tag in ihrem Verhalten verändert gewesen, als sie nach Hause kam. Frau [redacted] befragte deshalb [redacted], und diese erzählte die eben wiedergegebene Schilderung. Ich fragte Frau [redacted], warum sie nicht damals mit mir darüber gesprochen hätte? [redacted] erwiderten, daß sie dazu keinen Grund sahen. Sie erläuterten damals [redacted], daß sie darin nichts weiter sehen muß, da ich ich ja ebenfalls Beate und Claudia küsse und sie in Claudia und Beate doch fast ihre Geschwister sähe. [redacted] sahen [redacted] Reaktion außerdem als entwicklungsbedingt an. [redacted] brachten eindeutig zum Ausdruck, daß sie mir die von meiner geschiedenen Frau gemachten Vorwürfe nicht unterstellen. Sie baten ausdrücklich darum, daß das enge Verhältnis zu meinen Töchtern bestehen bleibt und gestatten [redacted], sie bei mir zu Hause zu besuchen. Frau [redacted] erwähnte, die hier zur Sprache gebrachte Angelegenheit habe sie im Sommer dieses Jahres meiner geschiedenen Frau erzählt. Sie sagte außerdem, meine geschiedene Frau habe in der letzten Zeit [redacted] nicht mehr als Kind, sondern eher als Partner betrachtet. Deshalb hätte sie wohl auch [redacted] teilweise ihre Probleme anvertraut. Dies könnte der Grund dafür sein, daß [redacted] mir gegenüber eine gewisse Voreingenommenheit angenommen hätte. In dem Gespräch erfuhr ich außerdem, daß [redacted] bereits von Familie Kessel aufgesucht wurden, um sie zu einer Aussage im Sinne meiner geschiedenen Frau zu bewegen. [redacted] erklärten Kessels, daß sie da nicht " mitspielen " und daß sie in diesem Fall " meine geschiedene Frau enttäuschen müßten ".

Nun möchte ich noch einiges zu anderen Problemen ausführen, die meine geschiedene Frau in ihrem Schreiben erwähnt.

Meine geschiedene Frau behauptet in dem Schreiben, daß ich sie vor den Kindern geschlagen hätte. Genau das Gegenteil ist der Fall. [redacted] Dieser Fakt ist auch in meiner Klageschrift zur Ehescheidung enthalten (Anlage).

- 2 -

Meine geschiedene Frau behauptet in dem Schreiben, daß ich mit meiner jetzigen Freundin, Frau [redacted], schon mehrere Jahre während unserer Ehe ein Verhältnis gehabt hätte und ich mich wegen ihr hätte scheiden lassen. Ich habe mich jedoch von meiner Frau scheiden lassen, weil ich mit ihr nicht mehr zusammenleben konnte und nicht wegen einer anderen Frau. Meine Bekanntschaft mit Frau [redacted] begann im Februar 1982. Die Vorgesetzte von Frau [redacted], Frau [redacted] (VEB Datenverarbeitungszentrum, 8010 Dresden, Dr. Otto-Nuschke-Str. 20), könnte dazu sicher eine Aussage treffen.

Zur teilweisen Charakterisierung meiner geschiedene Frau und ihrem Verhältnis zur Wahrheit möchte ich nun noch einige Fakten anführen. Nach meiner Meinung ist meine geschiedene Frau einem gewissen Wunschdenken verfallen. Nicht was wirklich objektiv existiert ist für sie wahr, sondern was sie zur Erreichung ihrer Ziele braucht. Mit diesem Problem hatte ich mich in unserer Ehe und während der Scheidung oft auseinanderzusetzen. Folgende Beispiele möchte ich noch anführen:

Meine geschiedene Frau erhob in einer Klage Geldforderungen gegen mich für den Zeitraum Mai - Dezember 1981. Sie gab an, in dieser Zeit nur einige hundert Mark verdient zu haben. Von den in dieser Zeit von mir an sie gezahlten 1920.- Mark (mit Quittung vor Gericht belegt), gab sie nur 1300.- Mark an. Das Gericht prüfte ihre Einkünfte nach und erfuhr, daß sie in dieser Zeit 5980.- Mark verdiente und zusätzlich 1736.- Mark für unsere Tochter Claudia erhielt. Als dies bekannt war, zog meine geschiedene Frau ihre Klage zurück. Frau Richterin [redacted] (Kreisgericht Dresden West) kann darüber Auskunft geben.

Meine geschiedene Frau brachte einen Angestellten des Kreisgerichts durch ihre Aussagen dazu, mir entgegen der gesetzlichen Bestimmung eine Zahlungsaufforderung zu schicken. Genosse [redacted] ([redacted]) kann darüber Auskunft geben.

Meine geschiedene Frau beleidigte und beschimpfte die Leiterin des Lohnbüros meines Betriebes (VEB Datenverarbeitungszentrum Dresden, 8010 Dresden, Dr. Otto-Nuschke-Str. 20), Frau [redacted], da sie (meine geschiedene Frau) der Meinung war, höhere Geldbeträge überwiesen bekommen zu müssen. Sie unterstellte ihr, daß sie wohl " etwas mit mir hätte" und ähnliches.

Meine geschiedene Frau unterstellte mir, ich hätte ein Verhältnis mit Frau [redacted]. Sie suchte deswegen Frau [redacted] auch auf. Die Unwahrheit der Behauptung stellte sich heraus. Familie [redacted] (8049 Dresden, [redacted]) kann darüber Auskunft geben.

Anlage: Klage zur Scheidung vom 15. 5. 1981

Christian Gallus 8049 Dresden, den 31. 10 1982

Referat Jugendhilfe Stadtbezirk Dresden - West

Betr.: Unser Gespräch am Freitag, den 29. 10. 1982

Am Freitag Abend (29. 10. 1982) führte ich ein Gespräch mit Herrn XXX, Frau XXX und deren Tochter, S. XXX. Ich erzählte ihnen, daß mir von der Jugendhilfe ein Schreiben meiner geschiedenen Frau zur Kenntnis gegeben wurde, worin sie mir vorwirft, ich würde mich an Kindern vergreifen und Kinder mißbrauchen. Als Beispiel dafür sei ihre Tochter S. angeführt. Ich bat um Aufklärung. Frau XXX erklärte dazu folgendes:
Vor einigen Jahren, S. war etwa 12 Jahre, war ihre Tochter bei uns zu Hause. (Die Kinder sind eng miteinander aufgewachsen.) Zugegen waren meine beiden Töchter, S. und ich. Ich hätte den Kindern Märchen vorgelesen. Anschlie-

ßend hätten wir alle zusammen auf der Liege herumgetobt. Dabei hätte ich S. geküßt. S. wäre an diesem Tag in ihrem Verhalten verändert gewesen, als sie nach Hause kam. Frau XXX befragte deshalb S., und diese erzählte die eben wiedergegebene Schilderung. Ich fragte Frau XXX, warum sie nicht damals mit mir darüber gesprochen hätte? XXXens erwiderten, daß sie dazu keinen Grund sahen. Sie erläuterten damals S., daß sie darin nichts weiter sehen muß, da ich ich ja ebenfalls Beate und Claudia küsse und sie in Claudia und Beate doch fast ihre Geschwister sähe. XXXens sahen S. Reaktion außerdem als entwicklungsbedingt an. XXXens brachten eindeutig zum Ausdruck, daß sie mir die von meiner geschiedenen Frau gemachten Vorwürfe nicht unterstellen, Sie baten ausdrücklich darum, daß das enge Verhältnis zu meinen Töchtern bestehen bleibt und gestatten S., sie bei mir zu Hause zu besuchen. Frau XXX erwähnte, die hier zur Sprache gebrachte

Angelegenheit habe sie im Sommer dieses Jahres meiner geschiedenen Frau erzählt, Sie sagte außerdem, meine geschiedene Frau habe in der letzten Zeit S. nicht mehr als Kind, sondern eher als Partner betrachtet. Deshalb hätte sie wohl auch S. teilweise ihre Probleme anvertraut. Dies könnte der Grund dafür sein, daß S. mir gegenüber eine gewisse Voreingenommenheit angenommen hätte. In dem Gespräch erfuhr ich außerdem, daß XXXens bereits von Familie Kessel aufgesucht wurden, um sie zu einer Aussage im Sinne meiner geschiedenen Frau zu bewegen, XXXens erklärten Kessels, daß sie da nicht „mitspielen" und daß sie in diesem Fall „meine geschiedene Frau enttäuschen müßten".
Nun möchte ich noch einiges zu anderen Problemen ausführen, die meine geschiedene Frau in ihrem Schreiben erwähnt.
Meine geschiedene Frau behauptet in dem Schreiben, daß ich sie vor dem Kindern geschlagen hätte. Genau das Gegenteil ist der Fall.

[... ... ...] Dieser Fakt ist auch in meiner Klageschrift zur Ehescheidung enthalten (Anlage).
Meine geschiedene Frau behauptet in dem Schreiben, daß ich mit meiner jetzigen Freundin, Frau E. YYY, schon mehrere Jahre während unserer Ehe ein Verhältnis gehabt hätte und ich mich wegen ihr hätte scheiden lassen. Ich habe mich jedoch von meiner Frau scheiden lassen, weil ich mit ihr nicht mehr zusammenleben konnte und nicht wegen einer anderen Frau. Meine Bekanntschaft mit Frau YYY begann im Februar 1982. Die Vorgesetzte von Frau YYY, Frau ZZZ (...) könnte dazu sicher eine Aussage treffen.
Zur teilweisen Charakterisierung meiner geschiedene Frau und ihrem Verhältnis zur Wahrheit möchte ich nun noch einige Fakten anführen. Nach meiner Meinung ist meine geschiedene Frau einem gewissen Wunschdenken verfallen. Nicht was wirklich objektiv existiert ist für sie wahr, sondern was sie zur Erreichung ihrer

Ziele braucht. Mit diesem Problem hatte ich mich im unserer Ehe und während der Scheidung oft auseinanderzusetzen. Folgende Beispiele möchte ich noch anführen:
Meine geschiedene Frau erhob in einer Klage Geldforderungen gegen mich für dem Zeitraum Mai - Dezember 1981. Sie gab an, in dieser Zeit nur einige hundert Mark verdient zu haben. Von den in dieser Zeit von mir an sie gezahlten 1920.- Mark (mit Quittung vor Gericht belegt), gab sie nur 1300.- Mark an. Das Gericht prüfte ihre Einkünfte nach und erfuhr, daß sie in dieser Zeit 5980.-Mark verdiente und zusätzlich 1736.- Mark für unsere Tochter Claudia erhielt. Als dies bekannt war, zog meine geschiedene Frau ihre Klage zurück. Frau Richterin AAA (Kreisgericht Dresden West) kann darüber Auskunft geben.
Meine geschiedene Frau brachte einen Angestellten des Kreisgerichts durch ihre Aussagen dazu, mir entgegen der gesetzlichen Bestimmung eine Zahlungsaufforderung zu

schicken. Genosse [...] (...) kann darüber Auskunft geben.
Meine geschiedene Frau beleidigte und beschimpfte die Leiterin des Lohnbüros meines Betriebes (...), Frau [...], da sie (meine geschiedene Frau) der Meinung war, höhere Geldbeträge überwiesen bekommen zu müssen. Sie unterstellte ihr, daß sie wohl „ etwas mit mir hätte" und ähnliches.
Meine geschiedene Frau unterstellte mir, ich hätte ein Verhältnis mit Frau DDD. Sie suchte deswegen Frau DDD auch auf. Die Unwahrheit der Behauptung stellte sich heraus. Familie DDD (8049 Dresden, ...) kann darüber Auskunft geben.

Anlage: Klage zur Scheidung vom 15. 5. 1981

Dresden, den 14.04.91

Liebe Beate, liebe Claudia,

am 15.03.91 habe ich Euch 600.- DM fuer die Monate Januar bis Maerz 1991 auf Muttis Konto ueberwiesen. Am Telefon hatte mir Beate gesagt, dass Ihr mir Euere Kontonummern mitteilen wollt. Bis ich diese erhalten habe, werde ich die weiteren Ueberweisungen auf Muttis Konto vornehmen. Meine Situation ist zur Zeit sehr schwierig. Da es in den Betrieben aus unterschiedlichen Gruenden nicht so recht vorangeht, habe ich bis jetzt noch keine Auftraggeber fuer meine geplante Taetigkeit gefunden. So bin ich also weiterhin arbeitslos und kann nur auf baldige positive Veraenderungen hoffen. Wenn diese nicht eintreten, werde ich wohl bald in groessere Schwierigkeiten kommen, da das Arbeitslosengeld die laufenden Unkosten nicht deckt. Um so trauriger und belastender fuer mich ist, dass ich nun schon wieder Post von Frau Rechtsanwaeltin [redacted] erhielt. Ich verstehe es auch nicht recht, da wir uns ja geeinigt haben und Mutti den Auftrag zurueckziehen wollte. Aus den Unterlagen vom Arbeitsamt, welche ich Euch geschickt habe, koennt Ihr doch ersehen, dass ich mit meiner Unterstuetzung an Euch zum jetzigen Zeitpunkt mehr tue, als es meine Situation erlaubt. Ich wuerde mich sehr freuen, wenn Ihr ueber all das einmal nachdenkt und mir Euere Meinungen auch einmal mitteilt.
Fuer [redacted] lieben Kartengruss aus Wien moechte ich mich besonders bedanken. Ich freue mich immer, von Euch etwas zu hoeren.

Dresden, den 14.04.91

Liebe Beate, liebe Claudia,

am 15.03.91 habe ich Euch 600.- DM fuer die Monate Januar bis Maerz 1991 auf Muttis Konto ueberwiesen. Am Telefon hatte mir Beate gesagt, dass Ihr mir Euere Kontonummern mitteilen wollt. Bis ich diese erhalten habe, werde ich die weiteren Ueberweisungen auf Muttis Konto vornehmen. Meine Situation ist zur Zeit sehr schwierig. Da es in den Betrieben aus unterschiedlichen Gruenden nicht so recht vorangeht, habe ich bis jetzt noch keine Auftraggeber fuer meine geplante Taetigkeit gefunden. So bin ich also weiterhin arbeitslos und kann nur auf baldige positive Veraenderungen hoffen. Wenn diese nicht eintreten, werde ich wohl bald in groessere Schwierigkeiten kommen, da das Arbeitslosengeld die laufenden Unkosten nicht deckt. Um so trauriger und belastender fuer mich ist, dass ich nun schon wieder Post von Frau Rechtsanwaeltin [...] erhielt. Ich verstehe es auch nicht recht, da wir uns ja geeinigt haben und Mutti den Auftrag zurueckziehen wollte. Aus den Unterlagen vom Arbeitsamt, welche ich Euch geschickt habe, koennt Ihr doch ersehen, dass ich mit meiner Unterstuetzung an Euch zum jetzigen Zeitpunkt mehr tue, als es meine Situation erlaubt. Ich wuerde mich sehr freuen, wenn Ihr ueber all das einmal nachdenkt und mir Euere Meinungen auch einmal mitteilt. Fuer [...]s lieben Kartengruss aus Wien moechte ich mich besonders bedanken. Ich freue mich immer, von Euch etwas zu hoeren.

Dresden, den 12.10.91

Liebe Beate, liebe Claudia,

für Euere Urlaubskarten und die Geburtstagsgrüße möchte ich mich herzlich bedanken. Seit 1.10.91 bin ich nun selbständig tätig. Da ich noch keinen Überblick über meine Einkünfte habe und diese am Anfang bestimmt nicht gerade hoch sein werden bitte ich Euch zuzustimmen, daß ich Euch zunächst weiterhin die 200.- DM überweise. Nach dem Jahresabschluß würden wir dann gemeinsam eine eventuelle Nachzahlung und einen neuen Unterhaltsbeitrag festlegen. Für meinen Steuerberater benötige ich von Beate einen Nachweis vom Gymnasium und von Claudia einen Studiennachweis für Winter- und Sommersemester. Bitte schickt mir diese Unterlagen demnächst zu. Ich hoffe, daß Ihr gesund und munter seid und Ihr Euere Vorstellungen weiterhin verwirklichen könnt.

Dresden, den 12.10.91

Liebe Beate, liebe Claudia,

für Euere Urlaubskarten und die Geburtstagsgrüße möchte ich mich herzlich bedanken. Seit 1.10.91 bin ich nun selbständig tätig. Da ich noch keinen Überblick über meine Einkünfte habe und diese am Anfang bestimmt nicht gerade hoch sein werden bitte ich Euch zuzustimmen, daß ich Euch zunächst weiterhin die 200.- DM überweise. Nach dem Jahresabschluß würden wir dann gemeinsam eine eventuelle Nachzahlung und einen neuen Unterhaltsbeitrag festlegen. Für meinen Steuerberater benötige ich von Beate einen Nachweis vom Gymnasium und von Claudia einen Studiennachweis für Winter- und Sommersemester. Bitte schickt mir diese Unterlagen demnächst zu. Ich hoffe, daß Ihr gesund und munter seid und Ihr Euere Vorstellungen weiterhin verwirklichen könnt.

Christian Gallus
[redacted]
O-8029 Dresden

Dresden, den 09.08.92

Beate und Claudia Gallus
[redacted]

Liebe Beate, liebe Claudia,

Eure Geburtstagsüberraschung habe ich schon vor einigen Tagen in Form von Kopien der von Euch unterzeichneten Prozeßvollmachten Eures Rechtsanwalts erhalten, deshalb sende ich Euch die Geburtstagskarte beiliegend zurück.
Meinen Jahresabschluß für 1991 bearbeitet ein Steuerbüro. Dort muß ich für das gesamte Jahr, also vom 01.01.91 bis 31.12.91, die Bestätigungen Eurer Ausbildungseinrichtungen vorlegen. Es muß bestätigt werden, in welchen Zeiträumen 1991 und in welchen Einrichtungen Ihr ausgebildet wurdet. Bitte sendet mir diese umgehend, jedoch spätestens bis 31.08 92 zu. Außerdem benötige ich diese Bestätigungen auch umgehend für 1992. Von [redacted] liegt mir noch nichts vor und von [redacted] nur eine Kopie, die nicht anerkannt wird. Bei einer solchen Bestätigung dürfen Stempel und Unterschrift nicht kopiert sein. Meine wirtschaftliche Lage hat sich bis heute noch nicht wesentlich gebessert, aber darüber wird Euch sicher Euer Rechtsanwalt informieren, da Ihr diesen Weg gewählt habt.

Ich wünsche Euch alles Gute

Dresden, den 09.08.92

[...]

Liebe Beate, liebe Claudia,

Eure Geburtstagsüberraschung habe ich schon vor einigen Tagen in Form von Kopien der von Euch unterzeichneten Prozeßvollmachten

Eures Rechtsanwalts erhalten, deshalb sende ich Euch die Geburtstagskarte beiliegend zurück.
Meinen Jahresabschluß für 1991 bearbeitet ein Steuerbüro. Dort muß ich für das gesamte Jahr, also vom 01.01.91 bis 31.12.91, die Bestätigungen Eurer Ausbildungseinrichtungen vorlegen. Es muß bestätigt werden, in welchen Zeiträumen 1991 und in welchen Einrichtungen Ihr ausgebildet wurdet. Bitte sendet mir diese umgehend, jedoch spätestens bis 31.08 92 zu. Außerdem benötige ich diese Bestätigungen auch umgehend für 1992. Von [...] liegt mir noch nichts vor und von [...] nur eine Kopie, die nicht anerkannt wird. Bei einer solchen Bestätigung dürfen Stempel und Unterschrift nicht kopiert sein.
Meine wirtschaftliche Lage hat sich bis heute noch nicht wesentlich gebessert, aber darüber wird Euch sicher Euer Rechtsanwalt informieren, da Ihr diesen Weg gewählt habt.

Ich wünsche Euch alles Gute

Kanzlei
Rechtsanwalt Josef E. Hofbauer
[redacted]

Amtsgericht, Landgericht München I und II, Landgericht Landshut
Oberlandesgericht München, Bayerisches Oberstes Landesgericht

Rechtsanwalt Josef E. Hofbauer [redacted]

München, den 21. September 1993

Herrn
Christian Gallus
[redacted]

[redacted] Dresden

F\483_G01/h/cy

Gallus wg. Unterhalt

Sehr geehrter Herr Gallus,

in vorbezeichneter Sache zeigen unter Vollmachtsvorlage an, daß wir Ihre ehemalige Ehefrau Frau Jutta Gallus, [redacted], [redacted], und Ihre gemeinsamen Töchter Beate Gallus und Claudia Gallus, gleiche Anschrift, anwaltlich vertreten.

Durch Urteil vom 11.09.1981 sind Sie von unserer Mandantin geschieden worden. Nach den gesetzlichen Bestimmungen sind Sie verpflichtet, unseren Mandanten einen angemessenen Unterhalt zur Verfügung zu stellen, wobei sich der Unterhaltsanspruch unserer Mandanten nach der sogenannten Düsseldorfer Tabelle bestimmt.

Um den Unterhaltsanspruch nach der Düsseldorfer Tabelle zu berechnen, benötigen wir Auskünfte über Ihr Einkommen und Ihr Vermögen. Sie sind hierzu nach § 1605 BGB verpflichtet. Sie haben zwar teilweise bisher Auskunft erteilt. Die Auskunft war jedoch nicht ausreichend.

Zur genauen Unterhaltsberechnung fordern wir Sie deshalb namens und im Auftrag unserer Mandanten auf, umfassend Auskunft über Ihre Einkünfte und Ihr Vermögen zu erteilen. Nachdem Sie selbständig sind, sind Sie nach ständiger Rechtsprechung verpflichtet, die Einkünfte der letzten drei Jahre entsprechend zu belegen, insbesondere durch Vorlage der Steuererklärungen, sowie für dieses Jahr anzugeben, wie hoch Ihre Einkünfte bisher waren. Bitte vergessen Sie auch Angaben zu Ihrem Vermögen nicht.

Die Auskünfte zu den Einkünften sind wie folgt zu erteilen:

- Vorlage einer Jahresverdienstbescheinigung, also eine volle Jahresabrechnung über die letzten 12 Monate Ihrer Tätigkeit als Angestellter. Dabei müssen Angaben über das Bruttogehalt, Art und Umfang der Abzüge sowie Sonderzahlungen, wie Weihnachts- und Urlaubsgeld, Spesen, etc. im einzelnen aufgeführt sein und die vorgenommenen Abzüge für berufsbedingte Aufwendungen sowie Angaben für Steuern, nebst Erläuterung der steuerlichen Abzüge erkennbar werden.

- Angabe Ihrer gesamten Einkünfte in den letzten drei Jahren aus **selbständiger Tätigkeit** unter Vorlage der Belege, insbesondere von Bilanzen, Gewinn- und Verlustrechnungen sowie Einkommensteuerbescheiden für den fraglichen Zeitraum.

- Ferner ist Auskunft zu erteilen über das Bestehen und Nichtbestehen, sowie bei Bestehen über Art und Höhe von sämtlichen Einkünften aus selbständiger Tätigkeit, Gewerbebetrieb, Land- und Forstwirtschaft, Kapitalvermögen, Vermietung und Verpachtung, sonstigen Ein-

Kanzlei Rechtsanwalt (...)

[...]

München, den 21. September 1993

Herrn
Christian Gallus
[...]

F\483 _ G01/h/cy

Gallus wg. Unterhalt

Sehr geehrter Herr Gallus,
in vorbezeichneter Sache zeigen unter Vollmachtsvorlage an, daß wir Ihre ehemalige Ehefrau Frau Jutta Gallus, [...] , und Ihre gemeinsamen Töchter Beate Gallus und Claudia Gallus, gleiche Anschrift, anwaltlich vertreten.
Durch Urteil vom 11.09.1981 sind Sie von unserer Mandantin geschieden worden. Nach den gesetzlichen Bestimmungen sind Sie verpflichtet, unseren Mandanten einen angemessenen Unterhalt zur Verfügung zu stellen, wobei sich der Unterhaltsanspruch unserer Mandanten nach der sogenannten Düsseldorfer Tabelle bestimmt.

Um den Unterhaltsanspruch nach der Düsseldorfer Tabelle zu berechnen, benötigen wir Auskünfte über Ihr Einkommen und Ihr Vermögen. Sie sind hierzu nach § 1605 BGB verpflichtet. Sie haben zwar teilweise bisher Auskunft erteilt. Die Auskunft war jedoch nicht ausreichend.

Zur genauen Unterhaltsberechnung fordern wir Sie deshalb namens und im Auftrag unserer Mandanten auf, umfassend Auskunft über Ihre Einkünfte und Ihr Vermögen zu erteilen. Nachdem Sie selbständig sind, sind Sie nach ständiger Rechtsprechung verpflichtet, die Einkünfte der letzten drei Jahre entsprechend zu belegen, insbesondere durch Vorlage der Steuererklärungen, sowie für dieses Jahr anzugeben, wie hoch Ihre Einkünfte bisher waren. Bitte vergessen Sie auch Angaben zu Ihrem Vermögen nicht.

Die Auskünfte zu den Einkünften sind wie folgt zu erteilen:

[...]

Abschrift

Kanzlei
Rechtsanwalt Josef E. Hofbauer

[redacted]

Amtsgericht, Landgericht München I und II, Landgericht Landshut
Oberlandesgericht München, Bayerisches Oberstes Landesgericht
Approbation als Arzt

Rechtsanwalt Josef E. Hofbauer, [redacted].

München, den 25. Januar 1994

Amtsgericht Dresden
- Vollstreckungsgericht -
Lothringer Straße 1

01069 Dresden

Gemeinsame Posteingangsstelle
27. JAN. 1994
... Dresden
Lothringer Straße 1

F\489_X01/h/cy

Zwangsversteigerungsantrag

der

Gallus Beate, [redacted], [redacted]

\- Gläubiger-

Verfahrensbevollmächtigter: Rechtsanwalt Josef E. Hofbauer [redacted], [redacted] München

gegen

Gallus Christian, [redacted], [redacted] Dresden

\- Schuldner -

GRUNDBUCHAMT DRESDEN

01099 Dresden, 06.05.1994
Olbrichtplatz 1
Tel.: [redacted]
Zimmer-Nr. [redacted]

Herrn
Christian Gallus
[redacted]

[redacted] Dresden

Bei allen Anfragen bitte die
Geschäfts-Nr. OM-213-1 angeben!

Eigentümer: Christian Gallus
Flst.Nr. : [redacted]
Gemarkung: [redacted]

Sehr geehrter Empfänger!

An der nachstehend genannten Grundbuchstelle sind Grundbucheintragungen erfolgt.
Der Wortlaut der Eintragungen ist nachstehend abgedruckt:

Mit freundlichen Grüßen

Ihr Grundbuchamt

Diese Mitteilung wurde maschinell erstellt und ist nicht unterschrieben.

****
Grundbuch von [redacted] Blatt 213
****

Zweite Abteilung (Spalten 1 bis 3)

LNrE	LNrG	Lasten und Beschränkungen
1	1	Zwangsversteigerung des unter Nr. 1 des Bestandsverzeichnisses eingetragenen Grundstücks ist angeordnet (K 19/94 AG Dresden); unter Neufassung der Abteilung eingetragen am 06.05.1994.

[redacted]

+++ ENDE DER EINTRAGUNGSMITTEILUNG +++

GRUNDBUCHAMT DRESDEN
01099 Dresden, 06.05.1994
(...)

Herrn
Christian Gallus
(...)

Eigentümer: Christian Gallus Flst. Nr.. : (...) Gemarkung: (...)
Sehr geehrter Empfänger!
An der nachstehend genannten Grundbuchstelle sind Grundbucheintragungen erfolgt. Der Wortlaut der Eintragungen ist nachstehend abgedruckt:
(...)
Blatt 213
Zweite Abteilung (Spalten 1 bis 3)
LNrE LNrG Lasten und Beschränkungen
Zwangsversteigerung des unter Nr. 1 des Bestandsverzeichnisses eingetragenen Grundstücks ist angeordnet (K 19/94 AG Dresden); unter Neufassung der Abteilung eingetragen am 06.05.1994. (...)
+++ ENDE DER EINTRAGUNGSMITTEILUNG +++

Stichpunkte zu [redacted]s Telefonanruf am 29.10.94

- Anruf kam für mich völlig unerwartet und überraschend
- [redacted] betonte eingangs ausdrücklich und von selbst, daß sie niemand beauftragt habe, bei mir anzurufen; vielmehr möchte sie einfach hören, wie es mir geht.
- Meine Frage, ob sie Kenntnis von der Zwangsversteigerung habe, beantwortete sie mit ja. Diese Frage müßte ich bei einem späteren Gespräch dahingehend präzisieren, ob sie ihren Anwalt mit der Einleitung einer Zwangsversteigerung beauftragt hat, oder ob sie im nachhinein davon erfahren hat.
- [redacted] stellte viele und nach meinem Eindruck sehr gezielte Fragen nach meiner gegenwärtigen Situation.
- [redacted] beschwerte sich darüber, daß ich gegen sie klage; ich habe ihr die Notwendigkeit der Klage als reine Abwehrmaßnahme gegen die von ihr eigeleitete Zwangsversteigerung erläutert. Bei einem weiteren Gespräch sollte ich zu diesem Punkt noch hinzufügen, daß ich vom Amtsgericht, welches die Zwangsversteigerung auf ein halbes Jahr ausgesetzt hat, zur gerichtlichen Klärung dieser Frage verpflichtet wurde.
- [redacted] behauptete, sie habe mir damals nach meiner schriftlichen Aufforderung mit Rückschein einen Ausbildungsnachweis gesckickt, wahrscheinlich sei er nur nicht angekommen.
- [redacted] steht auf dem Standpunkt, ich habe mit der Zurückweisung der Geburtstagskarte alle Verbindungen abgebrochen. Die Unterzeichnung einer Prozeßvollmacht gegen mich und die Geburtstagsgrüße seien völlig verschiedene Sachen und hätten miteinander nicht das geringste zu tun. Auf diesen Punkt sollte ich in einem späteren Gespräch nochmals eingehen:
  - es besteht ein ganz unmittelbarer Zusammenhang; man kann einen Menschen nicht auf der linken Wange streicheln und auf der rechten Wange schlagen;
  - meine Absicht war, sie zum Nachdenken über ihr Tun zu bewegen; nach meiner Ansicht sind Claudia und Beate alt genug, um eigenverantwortlich über ihr Leben zu entscheiden.
- Bei einem weiteren Gespräch sollte ich [redacted] und auch [redacted] davon in Kenntnis setzen, daß ich von beiden schriftlich und getrennt eine Entschuldigung erwarte. Dies sollten sie aber nur tun, wenn sie nach reiflicher Überlegung ihr Fehlverhalten einsehen und die Entschuldigung ihnen ein Bedürfnis wird.
- [redacted] behauptete, ich hätte in einem Gespräch mit [redacted] gesagt, es wäre mir völlig egal was Claudia und Beate täten, von mir würden sie kein Geld bekommen. Diese Aussage führte sie mehrmals an. Ich erklärte ihr, so etwas nicht gesagt zu haben und verbat mir derartige Unterstellungen. Vielmehr stand und stehe ich auf dem Standpunkt, daß man nur soviel Geld ausgeben kann, wie man hat bzw. verdient; dies gilt für alle Bereiche, also auch für die Ausbildung.

Stichpunkte zu [...]s Telefonanruf am 29.10.94

- Anruf kam für mich völlig unerwartet und überraschend
- [...] betonte eingangs ausdrücklich und von selbst, daß sie niemand beauftragt habe, bei mir anzurufen; vielmehr möchte sie einfach hören, wie es mir geht.
- Meine Frage, ob sie Kenntnis von der Zwangsversteigerung habe, beantwortete sie mit ja. Diese Frage müßte ich bei einem späteren Gespräch dahingehend präzisieren, ob sie ihren Anwalt mit der Einleitung einer Zwangsversteigerung beauftragt hat, oder ob sie im nachhinein davon erfahren hat.
- [...] stellte viele und nach meinem Eindruck sehr gezielte Fragen nach meiner gegenwärtigen Situation.
- [...] beschwerte sich darüber, daß ich gegen sie klage; ich habe ihr die Notwendigkeit der Klage als reine Abwehrmaßnahme gegen die von ihr eingeleitete Zwangsversteigerung erläutert.

Bei einem weiteren Gespräch sollte ich zu diesem Punkt noch hinzufügen, daß ich vom Amtsgericht, welches die Zwangsversteigerung auf ein halbes Jahr ausgesetzt hat, zur gerichtlichen Klärung dieser Frage verpflichtet wurde.

- [...] behauptete, sie habe mir damals nach meiner schriftlichen Aufforderung mit Rückschein einen Ausbildungsnachweis geschickt, wahrscheinlich sei er nur nicht angekommen.
- [...] steht auf dem Standpunkt, ich habe mit der Zurückweisung der Geburtstagskarte alle Verbindungen abgebrochen. Die Unterzeichnung einer Prozeßvollmacht gegen mich und die Geburtstagsgrüße seien völlig verschiedene Sachen und hätten miteinander nicht das geringste zu tun. Auf diesen Punkt sollte ich in einem späteren Gespräch nochmals eingehen:
- es besteht ein ganz unmittelbarer Zusammenhang; man kann einen Menschen nicht auf der lin-

ken Wange streicheln und auf der rechten Wange schlagen;

- meine Absicht war, sie zum Nachdenken über ihr Tun zu bewegen; nach meiner Ansicht sind Claudia und Beate alt genug, um eigenverantwortlich über ihr Leben zu entscheiden.
- Bei einem weiteren Gespräch sollte ich [...] und auch [...] davon in Kenntnis setzen, daß ich von beiden schriftlich und getrennt eine Entschuldigung erwarte. Dies sollten sie aber nur tun, wenn sie nach reiflicher Überlegung ihr Fehlverhalten einsehen und die Entschuldigung ihnen ein Bedürfnis wird.
- [...] behauptete, ich hätte in einem Gespräch mit [...] gesagt, es wäre mir völlig egal was Claudia und Beate täten, von mir würden sie kein Geld bekommen. Diese Aussage führte sie mehrmals an. Ich erklärte ihr, so etwas nicht gesagt zu haben und verbat mir derartige Unterstellungen. Vielmehr stand und stehe ich auf dem Standpunkt, daß man nur soviel

Geld ausgeben kann, wie man hat bzw. verdient; dies gilt für alle Bereiche, also auch für die Ausbildung.

Berliner Str. 7
01067 Dresden

Aktenzeichen: 522 K-19/94

Bearbeiter: Englisch
Tel.: 0351/ 446 3941

RAe Meyer-Götz & Meyer-Götz
Eing.: 24. AUG. 1995

Eing.:	Verf.:	Erl.:

Beschluß vom 10.08.95

In der Zwangsversteigerungssache

Beate und Claudia Gallus
[redacted]
vertr. d.d. Rechtsanwalt Josef E. Hofbauer
[redacted]
(Z: F/489 X06/h/n) -Gläubiger-

gegen

Christian Gallus
[redacted]
[redacted] Dresden
vertr. d.d. Rechtsanwälte Meyer-Götz & Partner
[redacted]
(Z: DD 1044/94K21gi/D6D179) -Schuldner-

betreffend das beim Amtsgericht Dresden im Grundbuch von [redacted]
Blatt 213 Flst. [redacted] der Gemarkung [redacted] Größe: 830 qm

auf den Namen Christian Gallus eingetragenen Grundstücks

wird das Verfahren aus dem Anordnungsbeschluß vom 13.04.94 gemäß § 29 ZVG aufgehoben.

Begründung:

Die betreibenden Gläubiger haben ihren Antrag zurückgenommen.
Das Verfahren war daher aufzuheben.

Die Beschlagnahme ist weggefallen.

(gez. Englisch)
Rechtspflegerin

FREISTAAT SACHSEN
Ausgefertigt
Dresden, den 22. Aug. 1995
Der Urkundsbeamte der

Beschluß vom 10.08.95

In der Zwangsversteigerungssache

Beate und Claudia Gallus
[...]

gegen
Christian Gallus
[...]

betreffend das beim Amtsgericht Dresden im Grundbuch von [...] Blatt 213 Flst. [...] der Gemarkung [...] Größe: 830 qm

auf den Namen Christian Gallus eingetragenen Grundstücks

wird das Verfahren aus dem Anordnungsbeschluß vom 13.04.94 gemäß §29 ZVG aufgehoben.

Begründung:
Die betreibenden Gläubiger haben ihren Antrag zurückgenommen. Das Verfahren war daher aufzuheben.

Die Beschlagnahme ist weggefallen.

Christian Gallus • [redacted] • [redacted] Dresden

Mitteldeutscher Rundfunk
Juristische Direktion
Kantstraße 71-73
04275 Leipzig

Dresden, den 18.03.2008

Ihr Schreiben vom 21.09.2007 (MH0709012BRF.DOC)

Sehr geehrter Herr Heckel,

zunächst bedanke ich mich dafür, dass von der zuständigen Redaktion mein Problem als menschlich nachvollziehbar angesehen wird. In Ihren weiteren Ausführungen schreiben Sie: „Denn die Aussage wurde von Ihrer früheren Ehefrau tatsächlich geäußert und nicht von „mittendrin" als eigene Behauptung aufgestellt – dies geht auch unzweifelhaft aus dem Beitragstext . Für die Äußerungen Ihrer früheren Ehefrau liegen uns mehrere Belege vor. Ich bitte Sie hiermit darum, mir diese Belege bzw. Stellen der entsprechenden Äußerungen meiner geschiedenen Ehefrau mitzuteilen.
Als Anlage füge ich eine Kopie des Antwortbriefes meiner geschiedenen Ehefrau in dieser Angelegenheit an mich bei. Daraus dürfte mein berechtigtes Interesse an den erbetenen Informationen hervorgehen.

Mit freundlichen Grüßen

Christian Gallus

- Anlage

Dresden, den 18.03.2008

[...]

Sehr geehrter Herr Heckel,

zunächst bedanke ich mich dafür, dass von der zuständigen Redaktion mein Problem als menschlich nachvollziehbar angesehen wird. In Ihren weiteren Ausführungen schreiben Sie: „Denn die Aussage wurde von Ihrer früheren Ehefrau tatsächlich geäußert und nicht von „mittendrin“ als eigene Behauptung aufgestellt - dies geht auch unzweifelhaft aus dem Beitragstext . Für die Äußerungen Ihrer früheren Ehefrau liegen uns mehrere Belege vor. Ich bitte Sie hiermit darum, mir diese Belege bzw. Stellen der entsprechenden Äußerungen meiner geschiedenen Ehefrau mitzuteilen. Als Anlage füge ich eine Kopie des Antwortbriefes meiner geschiedenen Ehefrau in dieser Angelegenheit an mich bei. Daraus dürfte mein berechtigtes Interesse an den erbetenen Informationen hervorgehen.

Mit freundlichen Grüßen

Herrn
Christian Gallus
[redacted]
[redacted] Dresden

MITTELDEUTSCHER RUNDFUNK
Anstalt des öffentlichen Rechts

JURISTISCHE DIREKTION

Kantstraße 71–73
04275 Leipzig
Postanschrift 04360 Leipzig
FON +49.(0)341.300-0
www.mdr.de

Ihr Schreiben vom 18.03.2008

Leipzig, 16.04.2008
Seite 1/1
ks
MH0804006BRF.DOC

Mario Heckel
Hauptabteilung Recht
FON [redacted]
FAX [redacted]

Sehr geehrter Herr Gallus,

ich nehme Bezug auf Ihr o. a. Schreiben. Diesem haben Sie einen Brief Ihrer früheren Ehefrau beigelegt mit der Bitte, Ihnen die Belege bzw. Stellen der entsprechenden Äußerungen, die in dem fraglichen Artikel der Zeitung „mittendrin" verwendet wurden, zukommen zu lassen.

Aus meiner Sicht stellt sich die Angelegenheit so dar, dass Sie nach weiteren Möglichkeiten im Rahmen der persönlichen Auseinandersetzung zwischen Ihnen und Ihrer früheren Ehefrau suchen.

Für den MDR sehe ich die Gefahr, in diese persönliche Streitigkeit involviert zu werden. Daran hat der MDR jedoch kein Interesse. Aus diesem Grund kann ich Ihnen die Recherchearbeiten der Redaktion bzw. die Fundstellen zu den Recherchen nicht überlassen.

Dafür bitte ich Sie höflich um Verständnis.

Mit freundlichen Grüßen

Mario Heckel

Gesetzlicher Vertreter des MDR ist der Intendant. Der MDR kann auch durch vom Intendanten Bevollmächtigte vertreten werden. Auskünfte über den Kreis der Bevollmächtigten und den Umfang der Vollmachten erteilt die Juristische Direktion des MDR.

Sehr geehrter Herr Gallus,

ich nehme Bezug auf Ihr o. a. Schreiben. Diesem haben Sie einen Brief Ihrer früheren Ehefrau beigelegt mit der Bitte, Ihnen die Belege bzw. Stellen der entsprechenden Äußerungen, die in dem fraglichen Artikel der Zeitung „mittendrin" verwendet wurden, zukommen zu lassen.
Aus meiner Sicht stellt sich die Angelegenheit so dar, dass Sie nach weiteren Möglichkeiten im Rahmen der persönlichen Auseinandersetzung zwischen Ihnen und Ihrer früheren Ehefrau suchen.
Für den MDR sehe ich die Gefahr, in diese persönliche Streitigkeit involviert zu werden. Daran hat der MDR jedoch kein Interesse. Aus diesem Grund kann ich Ihnen die Recherchearbeiten der Redaktion bzw. die Fundstellen zu den Recherchen nicht überlassen.
Dafür bitte ich Sie höflich um Verständnis.

Mit freundlichen Grüßen

Quellen und Anmerkungen

(Zeitangaben bei Fernsehfilm und Fernsehdokumentation basieren auf einem privaten Mitschnitt. Die tatsächlichen Startzeiten der Sequenzen können geringfügig abweichen)

Vorweg

1 *mittendrin*, Gratis-Zeitschrift des MDR, Ausgabe Sachsen, Nr.9/2007, S. 3

1. »Die Frau vom Checkpoint Charlie«

1 *mittendrin*, Gratis-Zeitschrift des MDR, Ausgabe Sachsen, Nr.9/2007, S. 2–4

2 Ines Veith: *Gebt mir meine Kinder zurück. Zwangsadoptionen in der DDR*, 3. Auflage, München 1991;
Ines Veith: *Die Frau vom Checkpoint Charlie. Der verzweifelte Kampf einer Mutter um ihre Töchter*, München 2006
Das zweite Buch der Ines Veith ist im ersten Teil mit dem ersten identisch. Im »Checkpoint Charlie« sind Kapitel aus der Zeit nach 1990 angefügt, so ein Besuch in Hoheneck und der Gauck-Behörde in Dresden.
Die Fülle der Artikel kann hier nicht berücksichtigt werden.

3 Prof. Dr. Martin Sabrow: *Antworten auf den Fragenkatalog Zur Anhörung des Ausschusses für Kultur und Medien zu den*

Vorschlägen des BKM zur Weiterentwicklung des Gedenkstättenkonzepts vom 22. Juni 2007 am 7. November 2007, Deutscher Bundestag, Ausschuss für Kultur und Medien, 16. Wahlperiode, S. 7

4 *Junge Welt,* 5. März 2007

5 Ines Veith: *Die Frau...,* a.a.O., S. 201

6 Ebenda, S. 9

7 *Fernsehfilm »Die Frau vom Checkpoint Charlie«,* Teil 1, Sequenz ca. 01:06:40–01:08:50

8 *Der Spiegel,* 38/2007, 17. September 2007, S. 192 f.

9 *Das Parlament,* 38/2007, S. 15

2. Jutta Gallus fährt in die Freiheit und findet ihre Gönner

1 Ines Veith, *Die Frau...,* a.a.O., S. 75

2 Ebenda, S. 79

3 *Focus,* 39/2007, 24. September 2007, S. 168–170

4 Ines Veith, *Die Frau...,* a.a.O., S. 90

5 Klaus Eichner, *Agenten und Menschenrechte,* Mitteilungen der Kommunistischen Plattform der Linkspartei.PDS, Mai 2006
vgl. auch: Klaus Eichner/Andreas Dobbert, *Headquarters Germany. Die US-Geheimdienste in Deutschland,* 3. Auflage, Berlin 2008, S. 171 ff.
Ein umfangreiches Dossier über die IGFM: Reiner Fromm/Günter Platzdasch, *Die Internationale Gesellschaft für Menschenrechte. Eine rechte Grauzonenorganisation,* Hrsg. Büro der Stadtverordnetenversammlung Wiesbaden, Wiesbaden, 1990 ; Im Internet: http://www.platzdasch.homepage.t-online.de/download/igfm.pdf

6 lt. Internetpräsentation der IGFM, http://www.igfm.de/Wer-ist-die-IGFM.15.0.html ; Stand 24. April 2008;
7 Ines Veith, *Die Frau...*, a.a.O., S. 90/91
8 Erich Schmidt-Eenboom: *Geheimdienst, Politik und Medien. Meinungsmache Undercover*, Berlin 2004, S. 96, 104, 205, 212, 237, 247, 248, 267, 280, 281, 317 - 322, 355
9 Ines Veith, *Die Frau...*, a.a.O., S. 197
10 Horst Schneider: *Der Fall Burianek*, RotFuchs, Mai 2007
11 Ines Veith, *Die Frau...*, a.a.O., S. 91
12 Ines Veith, *Die Frau...*, a.a.O., S. 91

3. Provokation im Reichstag und am Checkpoint Charlie

1 Nach dem Vierseitigen Abkommen über Westberlin vom 3. September 1971 gehörte es nicht zur Bundesrepublik.
2 Ines Veith, *Die Frau...*, a.a.O., S. 96

4. Jutta Gallus besucht den Papst in Rom

1 Ines Veith, *Die Frau...*, a.a.O., S. 105
2 Ebenda, S. 106/107
3 Ebenda, S. 108
4 *Das Parlament*, Ausgabe 12 -13/2008
5 Johannes Paul II., *Die Schwelle der Hoffnung überschreiten*, Hamburg 1994

5. Die Helsinki-Story der Gallus

1 Ines Veith, *Die Frau...*, a.a.O., S. 115
2 *Fernsehfilm »Die Frau vom Checkpoint Charlie«*, Teil 2, Helsinki-Sequenz ab ca. 00:52:35, englischsprachige »Erläuterung« ca. 01:04:44
3 Ines Veith, *Die Frau...*, a.a.O., S. 116 ff
4 Ebenda, S. 120
5 Ebenda, S. 124

6. Fälscher am Werk?

1 Ines Veith, *Die Frau...*, a.a.O., S. 58
2 Ebenda, S. 72
3 *Für Entspannung und dauerhaften Frieden in Europa. Dokumente*, Berlin 1976, S. 129 f.
4 Willy Brandt, *Menschenrechte misshandelt und missbraucht*, Reinbek bei Hamburg, Mai 1987
5 Ebenda, S. 7
6 Ebenda, S. 8
7 Ebenda, S. 9
8 Eine der Tafeln, die Jutta Gallus am Checkpoint Charlie trug, war beschriftet mit: »Unsere Kinder Claudia+Beate Gallus Silvio Schmidt - zwangsadoptiert - vom DDR-Fernsehen zwangsverpflichtet u. jetzt von Staasi - verschleppt ! Bitte helft uns!«, sh. vorliegendes Buch S. 122
9 *Der Spiegel*, 4/2008, S. 18
10 Horst Schneider, *Hysterische Historiker*, Böklund 2007

7. Antikommunistische Sudeleien

1 Ines Veith, *Die Frau...*, a.a.O.,S. 17
2 Ebenda, S. 17
3 Ebenda, S. 17
4 Ebenda, S. 59
5 Ebenda, S. 59
6 Ebenda, S. 59
7 Ebenda, S. 115
8 *Der Patriot - Lippstädter Zeitung*, 1. April 2008, *»Hilferufe von drüben« wurden überall gehört*
9 Ines Veith, Die Frau..., a.a.O., S. 153f
10 Der Spiegel, Heft 9/2008, S. 22
11 Ines Veith, Die Frau..., a.a.O.,S. 17
12 zit. nach: Susanne Miller/Malte Ristau (Hg.): *Erben deutscher Geschichte. DDR-BRD: Protokolle einer historischen Begegnung*, Reinbek bei Hamburg 1988, S. 17
13 zit. nach: *Sächsische Zeitung* 24. Februar 1992

8 Anne Wills Talkshow

1 Zur Problematik »Unrechtssaat« DDR gibt es eine umfangreiche Literatur.
Hier wird nur auf eine Expertise verwiesen. Lothar Bisky, Uwe-Jens Heuer, Michael Schumann (Hrsg): *»Unrechtssaat«?, Politische Justiz und die Aufarbeitung der DDR-Vergangenheit*, Hamburg 1994
2 *mittendrin*, Gratis-Zeitschrift des MDR, Ausgabe Sachsen, Nr.9/2007, S. 5
3 *Der Tagesspiegel*, 25. September 2007, »Mit dem Kopf durch die Mauer«

4 *mittendrin*, Gratis-Zeitschrift des MDR, Ausgabe Sachsen, Nr.9/2007, S. 3, Zitat: »...Nicht alles, was im Film erzählt wird, ist genau so passiert. Doch er basiert auf einer wahren Geschichte... Einiges an der Geschichte jedoch musste ›dramatisiert‹ werden...«

5 Ines Veith, *Die Frau...*, a.a.O.,S. 49ff

6 *Disy*, Winter 2007, S. 35

9 Der MDR und Christian Gallus

1 Veronica Ferres im *Focus* 39/2007, S. 168ff; das Zitat findet sich auf S. 170

10 Wächst zusammen, was zusammengehört?

1 Vgl. die Texte Michael Richters, Klaus Schröders, Jochen Staadts und Rainer Eckerts im *Deutschland Archiv*, 5 und 6/2007

2 Hubertus Knabe: *Aufbruch in eine andere DDR*, Hamburg, Dezember 1989

3 Verwaltungsarchiv Dresden, Urteil vom 11. August 1988, Aktenzeichen 39 F 111/88

4 Amtsgericht Dresden, Aktenzeichen 62 F 0093/94

5 BSRH (1) 272/90

11 Epilog

1 Doris und George Pumphrey: *Der mutige Träumer*, Neues Deutschland 4. April 2008 Eine bewegende Schilderung findet sich in: Coretta Scott King: *Mein Leben mit Martin Luther King*, Stuttgart 1970, S. 188ff

2 Kurt Biedenkopf: *Ein deutsches Tagebuch 1989/90*, Berlin 2000, S. 334
3 Text in der Ausgabe der Bundeszentrale für politische Bildung, Bonn 1991, S. 153f
4 Bundestagsdrucksache 12/42
5 In der Erklärung, die die Bundesregierung bei Hinterlegung der Ratifikationsurkunde abgab heißt es u.a.: »Nichts in dem Übereinkommen kann dahin ausgelegt werden, dass die widerrechtliche Einreise eines Ausländers in das Gebiet der Bundesrepublik Deutschland oder dessen widerrechtlicher Aufenthalt dort erlaubt ist; auch kann keine Bestimmung dahin ausgelegt werden, dass sie das Recht der Bundesrepublik Deutschland beschränkt, Gesetze und Verordnungen über die Einreise von Ausländern und die Bedingungen ihres Aufenthalts zu erlassen ...«, *sh.* Bundestagsdrucksache 12/42
6 Bundestagsdrucksache 16/74 93

12 Dokumente

1 Aussage von Claudia Gallus in der Fernsehsendung des MDR: »Die Frau vom Checkpoint Charlie. Die Dokumentation«, etwa bei Laufzeit 0:15:501
2 Aussage von Beate Gallus in der Fernsehsendung des MDR: »Die Frau vom Checkpoint Charlie. Die Dokumentation«, etwa bei Laufzeit 0:16:40

Die komplette Sequenz beginnt etwa 0:15:35

Inhalt

Verlagsanschrift:
Verlag Wiljo Heinen
Schulstr. 20
24860 Böklund

Die Foto-Collage auf dem Umschlag verwendet ein Foto von der »Touristenattraktion« Checkpoint Charlie (aufgenommen im April 2008), einen Ausschnitt der Titelseite der MDR-Zeitschrift »mittendrin« (Ausgabe Nr.9/2007), einen Standbild-Ausschnitt des Films »Die Frau...« (Plakat »Gebt mir meine Kinder zurück«) und den Ausschnitt eines dokumentarischen Fotos der Aktionen von Jutta Gallus (Plakat: »Unsere Kinder ... zwangsadoptiert...«). Bei der Collage handelt es sich um ein Werk von Wiljo Heinen.

Bildnachweis:
Das Foto auf S.2 stammt von Wiljo Heinen, alle auf S.127–163 reproduzierten Dokumente aus dem Privatbesitz von Christian Gallus.
Alle anderen Abbildungen sind »Ausrisse« aus Zeitungen/Zeitschriften, die als Bildzitate gemäß §51 UrhG (deutsches Urheberrechtsgesetz) ausschließlich zur inhaltlichen Erläuterung genutzt werden. Sie sind jeweils mit Fundstelle belegt.

Der Text wurde aus der Utopia gesetzt.
Umschlaggestaltung und Typografie: Wiljo Heinen.
Druck und Weiterverarbeitung: UAB »AJS spaustuvė«, Litauen.

»Gruselstory Checkpoint Charlie« hat die

ISBN 978-3-939828-22-8

Bibliografische Information der Deutschen Nationalbibliothek
Die Deutsche Nationalbibliothek verzeichnet diese Publikation in der Deutschen Nationalbibliografie; detaillierte bibliografische Daten sind im Internet über http://dnb.d-nb.de abrufbar.